UE PIÈCE, 20 CENTIMES.
381e ET 382e LIVRAISONS.

THÉATRE CONTEMPORAIN ILLUSTRÉ

MICHEL LÉVY FRÈRES, ÉDITEURS,
RUE VIVIENNE, 2 BIS.

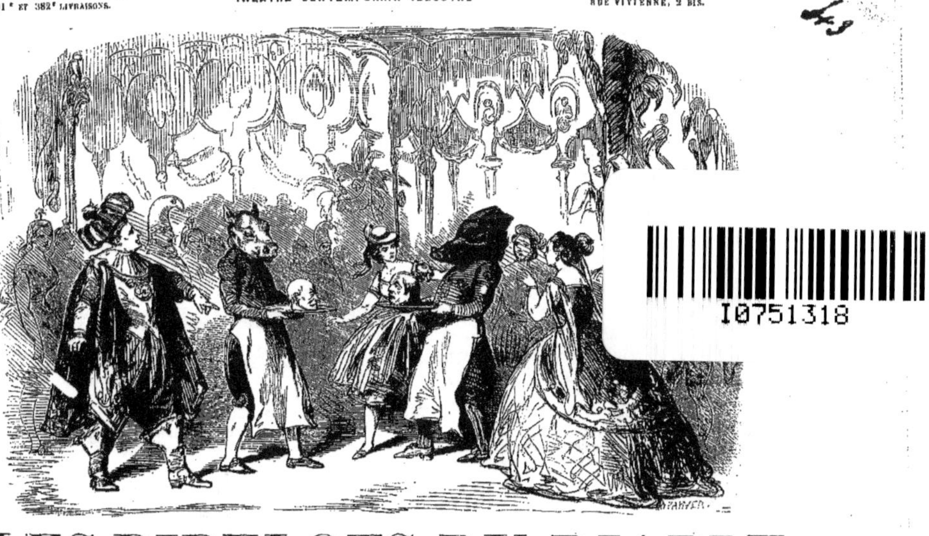

LES BIBELOTS DU DIABLE

FÉERIE-VAUDEVILLE EN TROIS ACTES ET SEIZE TABLEAUX

PAR

MM. THÉODORE COGNIARD ET CLAIRVILLE

AIRS NOUVEAUX DE MM. J. NARGEOT ET JULES BOUCHER, BALLETS RÉGLÉS PAR M. BARREZ, MUSIQUE NOUVELLE DE M. CAMILLE SCHUBERT,
DÉCORS DE MM. GEORGES GOUYE ET ROBECCHI,
COSTUMES DESSINÉS PAR M. A. ALBERT ET EXÉCUTÉS PAR M. MARAGE ET Mme GONTHIER, MACHINES DE M. FLORENTIN.

Représentée pour la première fois, à Paris, sur le Théâtre des Variétés, le 21 Août 1858.

DISTRIBUTION DE LA PIÈCE

CHOUVERT DE VERTUCHOUX, seigneur du village	MM. AMBROISE.
CANICHON, fermier	F. HEUZEY.
UN ANE, JEAN LEBLANC, } même personnage	LASSAGNE.
CHIGNASSON, messager rural	ARMAND.
LE BAILLI	CHARRIER.
LORIOT	ROLAND.
JEAN-PIERRE	HECTOR.
TOBY, petit pâtre	Mlles SCRIWANECK.
FLORINE, fille de Canichon	JUDITH FERREYRA
MADAME CANICHON	SOPHIE.
RISETTE, servante de ferme	ALPHONSINE.
PHOSPHORIEL, génies	DUBUISSON.
TRILBY, génies	XIMÉNÈS.
ÉTHER, génies	GERVAIS.
AZOLIN, génies	SUZANNE.
LA VIEILLE MICHELINE	FÉLICIE.
MANON	CLÉMENCE.
JEANNETTE, UN PAGE	DESBOIS.
TURELURE	CÉCILIA.
DEUX GRANDS VIOLONS DU ROI	LES PETITS JULES ET JULIETTE DELEPIERRES

DANSE. — Mlles VIRGINIE MAGNY, MARIQUITA TANZI, OCTAVIE BERGER, MAURICE, NATHALIE, AUGUSTA, LAURENCE, SOPHIE, BRUNETTE, OLYMPE.

Paysans et Paysannes, Génies, Domestiques, grands Cacatoës, Dames Perruchiennes, Pages, grands Violons du roi, Gardes, Muets Odalisques, Petits Guerriers, Géants, Fées, Statues.

ACTE PREMIER

Un site champêtre. Un vieux château au lointain; une maison à gauche.

SCÈNE PREMIÈRE

CHIGNASSON, PAYSANS, en habit de fête, ensuite CANICHON, puis FLORINE, puis MADAME CANICHON. (Les Paysans ont des fusils.)

CHOEUR DES PAYSANS, *en entrant.*
Air de la Chaise cassée.

Approchons en silence
Et pour nous montrer gentils,
Annonçons not' présence
A coups de fusils.
P' t' être ben que la mariée
Sommeille encore un peu,
Pour qu'elle soit réveillée...
Attention! en joue! feu!

(*Tous les Paysans rient en l'air.*)

CANICHON, du dedans.

Ah! sapristi! qui est-ce qui pétarade comme ça?... (Se montrant à la fenêtre.) Comment! comment! c'est déjà vous?

TOUS.

Vive le père Canichon!

CANICHON.

Merci! merci, mes amis, je voudrais aller vous presser la main; mais je ne retrouve pas ma culotte.

CHIGNASSON.

Comment! vous n'êtes point encore habillé?

CANICHON.

Non, mais ma fille doit être prête. (Appelant.) Ohé! Florine!

FLORINE, en dedans.

Quoique vous voulez, papa?

CANICHON.

Viens te faire voir, on t'appelle.

FLORINE, sortant de la maison.

J'peux pas, j'ai égaré mon fichu.

CANICHON.

Et elle vient nous dire ça là! (Aux Paysans.) Voulez-vous bien baisser les yeux, vous autres! (A sa fille.) Et veux-tu bien vite t'en aller, toi! (Florine rentre.)

CHIGNASSON.

Oh! Dieu de Dieu! qu'elle est gentille!

CANICHON.

Attendez, les amis, je suis t'à vous. (Il quitte la fenêtre. En dedans.) Mam' Canichon, c'est les amis, va les recevoir.

CHIGNASSON.

Attendre! attendre! Et moi qui, en ma qualité de messager rural, que je suis appelé au bailliage par ordre de M. le bailli... Eh ben, quoi! il attendra.

MADAME CANICHON, sortant de la maison.

Ah! vous v'là, vous autres! Vous êtes matineux quand il s'agit de faire ripaille.

CHIGNASSON.

Dame! c'est qu'on ne va pas tous les jours à la noce d'un grand seigneur.

MADAME CANICHON.

Grand seigneur! grand seigneur! C'est vieux seigneur que tu devrais dire. Un homme de soixante ans épouser une fille de seize ans!

CHIGNASSON.

Ça n'en est pas moins une *fière* honneur!

MADAME CANICHON, avec ironie.

Oui, c'est possible.

Air du Château perdu.

C'est un marquis, il faut qu'on se le dise,
Ma fille aura des valets, des chevaux,
Ma fille aura le titre de marquise,
Ma fille aura des caros's, des châteaux;
Ma fille aura la plus noble famille...
Mais quand ell' s'ra marquis' de Carabas,
Si je sais bien tout ce qu'aura ma fille,
Je sais bien mieux tout ce qu'ell' n'aura pas.

CANICHON, du dedans.

Risette! Risette!

MADAME CANICHON.

Allons, v'là mon homme qui crie.... Il aura encore perdu quéque chose.... En attendant les mariés, allez par là, sous la grange.... (Elle indique une espèce de hangar qui est à droite.) Vous y trouverez un tonneau qu'on a défoncé à vot' intention.

TOUS.

Vive madame Canichon!

CHOEUR.

Quelle réjouissance!
Amis, buvons à grands coups,
Pour fêter l'alliance
De Florine et Vertuchoux.
(*Ils sortent.*)

SCÈNE II

CANICHON, MADAME CANICHON.

CANICHON, sortant de la maison.

Risette!... Risette!...

MADAME CANICHON.

Eh ben! quoi que vous ly voulez, à Risette?

CANICHON.

Impossible de trouver ma cravate...

MADAME CANICHON.

Est-ce que vous avez jamais rien su trouver?...

CANICHON.

Que veux-tu, je suis t'ahuri... (Appelant.) Risette!... Je suis sûr que cette grosse fichue bête-là est encore occupée à promener mon âne!

MADAME CANICHON.

Oui, et il faut du dévouement pour ça!... Je vous demande un peu, un homme qui va au marché pour acheter un âne, et qui ne s'aperçoit pas qu'on lui vend un âne sans queue!...

CANICHON.

Dame, on me l'a fait voir de face, et j'ai pas pu me douter...

MADAME CANICHON.

Vous a-t-on assez gouaillé dans le pays!

CANICHON.

Aussi, j'aurais déjà fait du saucisson de la bourrique, si c'te grosse bête de Risette n'avait imploré sa grâce à deux genoux... après tout, il en vaut un autre.

MADAME CANICHON.

Oui, comme vot' gendre...

CANICHON.

Que voulez-vous dire?

MADAME CANICHON.

Je dis, je dis... que vous ne vous connaissez pas mieux en gendre qu'en âne.

CANICHON.

En voilà une qu'est forte, par exemple, un gendre grand seigneur, un gendre marquis... le noble Chouvert de Vertuchoux!

MADAME CANICHON.

Il y a trop de choux dans ce nom-là. (Éclats de rire au dehors.)

CANICHON.

Qu'est-ce que c'est que ça?

RISETTE, du dehors.

Voulez-vous ben la laisser tranquille, c'te pauv' bête!

CANICHON.

Là!... je le disais ben... C'est Risette et son âne... Quelle idiote que c'te fille-là! (Risette entre par la droite.)

SCÈNE III

LES MÊMES, RISETTE, avec un âne sans queue.

RISETTE, à la cantonade, et tenant un de ses sabots à la main.

Eh ben! approchez-y donc!... et touchez-y donc, que j' vous dis!

AIR : *J'ai perdu mon âne.*

Respectez mon âne,
Ou, foi d' paysanne,
J' vous flanqu'rai des coups d' sabots...
(*Redescendant la scène.*)
Ah! Dieu quel pays d' nigauds...
Ils sont tous, Dieu m' damne,
Plus bêt's que mon âne!

CANICHON, à Risette.

Ah! te v'là, toi!... D'où que tu *deviens,* dis?... C'est-y possible, qu'un jour de noce, quand je t'attends pour m'habiller, que tu me laisses là pour t'occuper d'une bête?

RISETTE.

Quoique vous me voulez donc, nout' maître?

CANICHON, l'imitant.

Quoique vous me voulez donc... et ma cravate?... Quoique t'as fait de ma cravate?

RISETTE.

Je l'ai tant seulement pas vue...

CANICHON.

Quelle buse que cette fille-là!... Veux-tu ben me la *serch*[illegible] tout de suite!...

MADAME CANICHON.

Allons, venez, j'vas vous en donner une autre, ça sera pl[illegible] vite fait... Après ça, tâchez de ne pas perdre vot' habit, v[illegible] chapeau et vos gants. (Elle rentre dans la maison.)

CANICHON.

Oui, not' femme... (Avant de rentrer.) Oh! ton âne! j'en fe[illegible] du saucisson! ben sûr, j'en ferai du saucisson!... (Il rentre.)

SCÈNE IV

RISETTE, L'ANE.

RISETTE.

Du saucisson!... Pauvre Jean Leblanc!... Oh! n'aie p[illegible] peur... je te défendrai, va!... une si bonne bête! (Mouvement [illegible] l'âne.) Nous nous comprenons, pas vrai?... (L'âne remue la tê[illegible]) Il me répond que oui... Je ne sais pas si c'est parce que t[illegible] le monde le déteste; mais moi je l'aime, et puis il me sem[illegible] qu'il comprend tout ce que ly dis.

Air des deux maîtresses.

Chacun m' répète
Que c' n'est qu'un' bête,
Dans le village on s'en moque, on en rit,
Lui pas si bête,
Car foi d' Risette
Il y a des jours que j' lui trouv' de l'esprit.
J' voulais l'aut' jour aller chez la meunière,
Mais lui, malin comm' les ân's le sont tous,
Me conduisit chez l'ânesse à Jean-Pierre
Avec laquelle il avait rendez-vous.
Hier encore,
Avant l'aurore,
J' voulais m' cueillir des ros's des quat' saisons,

Mais v'là qu'il broute
Le long d' la route,
Et qu'en fait d' ros's il s'offre des chardons.
Je me souviens qu'à la dernièr' vendange
Y avait du vin dans la cuve à Girard,
Sans m'consulter v'là qu' d' abreuvoir il change;
Et ce jour-là, je le ram'nai pochard.
Mais c'est tout d' même,
J' suis sûr' qu'il m'aime,
Et quant il fait hiant, hiant, hiant;
Entre nous, j' gage
Qu' dans son langage,
Ce pauvre ami me fait un compliment.
Comme il est fier quand je le débarbouille!
Comme avec grâce il m'offre son appui!
Quand j' dis : j' suis lass', bien bas il s'agenouille
Pour qu'aisément je puiss' monter sur lui.
Jamais de chute
Ni de culbute,
Quand il me porte ou porte mes fardeaux;
Mais faut l' connaître,
Car il est traître
Quand il en porte une autre sur son dos.
Tiennette, un jour, le monte en f'sant tapage
Mais Jean L'blanc rue et part comme un éclair,
Et v'là qu'al' tombe aux yeux de tout l' village,
La tête en bas et les quatr' fers en l'air!
Chacun m' répète
Que c' n'est qu'un' bête,
Dans le village on s'en moque, on en rit;
Lui pas si bête!
Foi de Risette,
Cet âne-là ne manque pas d'esprit.

SCÈNE V

LES MÊMES, FLORINE, en mariée.

FLORINE, *sortant de la maison.*

Là, ne vous impatientez pas, me v'là... Eh ben, oùs qu'est donc la noce?

RISETTE.

Queu noce?

FLORINE.

Eh ben, la mienne, donc! Est-ce que tu ne sais point que je me marie?

RISETTE.

Si fait, je l'sais, mais j'al point vu d'noce ici...

FLORINE.

Comment, pas vu! Ils étaient tous là, tout à l'heure. — On m'appelle, je m'dépêche, et, quand j'arrive, je ne trouve que toi et ton âne... Pour qui donc alors les coups de fusil qu'on f'rait tout à l'heure?

RISETTE.

Des coups de fusil?... on tirait des coups de fusil! Viens, Jean Leblanc, t'en as peur, toi, et moi aussi... que ça te fait ruer et que ça me fait sauter... viens-t'en-nous-en!

FLORINE.

Comment, v'là que tu te sauves?

RISETTE.

Oui, pardon excuse, mamzelle, mais j'haïs les coups de fusil, Jean Leblanc les z'haït itou... Allons, hue, Jean Leblanc, hue, mon bonhomme... hue donc, que je te dis... A r'voir, mamzelle. (*Ils sortent à gauche.*)

SCÈNE VI

FLORINE, puis TOBY.

FLORINE.

Eh ben, c'est gentil! v'là la mariée toute seule dans la rue, en toilette de noce!... de noce? — C'est-y possible que j'épouse ce vieux vilain marquis, et que dans une heure peut-être, au lieu de m'appeler tout simplement Florine, un joli petit nom qui sent les fleurs, je me nommerai madame Chouvert de Vertuchoux, un grand vilain nom qui sent les lapins! Si encore je n'aimais personne... mais c'est que plus je m'interroge et plus je crois que j'aime quelqu'un, et quelqu'un qui n'est pas quelqu'un, malheureusement; car si, moi, la fille d'un riche fermier, je disais : j'aime Toby; on me demanderait : Qu'est-ce que c'est ça, Toby? Et je serais forcée de répondre : Toby, c'est un gardeur de moutons, un petit mendiant qui vit sur les montagnes, et que la dernière fille du pays ne voudrait tant seulement pas qu'il lui ramasse son mouchoir... Eh ben, oui, c'est comme ça... et pourtant, moi, je l'aime.

AIR *de M. Jules Boucher.*

PREMIER COUPLET.

La nuit j'en rêve,
Je n' sais pourquoi;
Notre mère Ève
A fait comm' moi;
Les femm's ignorent
Si l' mal est grand,
Mais ell's adorent
C' qu'on leur défend.

TOBY *en dehors.*

Pauvre berger de la montagne,
Sans toit, sans amis, sans compagne,
Marche au hasard et va
Où Dieu te conduira.
Ah! ah! ah! ah! ah! ah! ah!

FLORINE, *qui est remontée en regardant à la cantonade.*

DEUXIÈME COUPLET.

Sa voix si tendre
Là-bas, là-bas,
Se fait entendre,
Ne bougeons pas;
Je crois renaître
En écoutant
Cet air champêtre
Que j'aime tant!

TOBY, *paraissant au fond, à gauche.*

Pauvre berger, etc., etc.
(*Il descend la scène.*)

FLORINE.

Tiens, c'est toi, Toby?

TOBY.

C'est elle!

FLORINE.

Est-ce que tu viens aussi pour la noce?

TOBY.

Moi, mam'zelle... vous voulez vous moquer... si c'était pour aller à la noce d'un de mes moutons, p't-être ben qu'on me le permettrait; mais danser à la noce d'un seigneur! un pauvre petit déguenillé comme moi... vous voulez vous moquer!

FLORINE.

C'est vrai que t'es peut-être pas assez bien mis pour ça...

TOBY.

Dame, c'est ma casaque des dimanches et de tous les jours; j'en ai point d'autre... Mais, voyez-vous, quand bien même que j'aurais habit, veste et culotte de l'étoffe la plus cossue, et qu'on m'aurait, par-dessus tout ça, engagé pour vot' mariage... eh bien! je n'irais point encore à vot' noce...

FLORINE.

Pourquoi?

TOBY.

Oh! parce que j'ai point le cœur à la danse.

FLORINE.

Comme tu me dis ça?... Est-ce que tu as du chagrin?

TOBY.

Je ne sais pas si j'ai du chagrin, mais je pleure toute la journée.

FLORINE.

Sans savoir pourquoi?

TOBY.

Ah! si!

FLORINE.

Et tu ne veux pas le dire?

TOBY.

Oh! non!

FLORINE.

Tiens, c'est drôle.

TOBY.

N'est-ce pas?

FLORINE.

Oui, parce que moi-même...

TOBY.

Vous-même?

FLORINE.

Comme je suis triste...

TOBY.

Sans savoir pourquoi?

FLORINE.

Oh! si!

TOBY.

Et vous ne voulez point le dire?

FLORINE.

Oh! non!

TOBY.

C'est drôle....

FLORINE.

N'est-ce pas?

TOBY.

C'est vrai....

FLORINE.

Si tu parlais le premier, peut-être bien que....

TOBY.

Faudrait être hardi pour ça, et je ne le suis point....

AIR : *A la patrie absente.*

(*La Promise, — premier acte.*)

Chaque jour je soupire,
Et je sais bien pourquoi...
Mais je ne puis me dire
Ce qui se passe en moi;
De cette audace extrême
Le ciel me punirait,
Car je n'ose moi-même
M'avouer mon secret.
Doux secret, secret que j'adore,
Et qu'en mon cœur je cache au mieux,
Je tremble... oui, je tremble encore
Qu'on ne te lise dans mes yeux. (*Bis.*)

CRIS au dehors.

Le voilà! le voilà! le voilà!

TOBY.

Oh! mon Dieu!

FLORINE.

La noce et monsieur le marquis!

SCÈNE VII

LES MÊMES, CHIGNASSON, PAYSANS et PAYSANNES, puis CANICHON, MADAME CANICHON et RISETTE, puis CHOUVERT DE VERTUCHOUX, suivi de piqueurs.

TOUS LES PAYSANS, en entrant de droite.

Vive monseigneur! vive monsieur le marquis!

CANICHON, sortant de la maison.

Mon gendre! mon noble gendre! Et ma noble fille, où est-elle?... Ah! la voilà!.... Viens, Florine.

CHOEUR.

AIR *des Huguenots.*

Honneur! honneur!
Au seigneur de ce village.
Honneur! honneur!
A ce grand triomphateur.
Honneur! honneur!
A ce puissant personnage.
Honneur! honneur!
Honneur à notre seigneur!

(*Madame Canichon est entrée pendant le chœur avec Risette*).

VERTUCHOUX.

Vous m'étourdissez,
Manans!... ah! finissez!
Je suis assourdi!
Je suis abasourdi!
Criez à l'aise
Dans vos ébats;
Mais, qu'il vous plaise
Crier tout bas!

REPRISE EN CHOEUR.

Honneur! honneur!
Au seigneur de ce village!...

VERTUCHOUX, les interrompant.

Assez d'honneurs comme ça, palsembleu!.... assez d'honneurs!

CANICHON.

Enfin, mon noble gendre, c'est donc aujourd'hui le noble jour qui doit nous couvrir... qui doit nous combler.... je dirai même...

VERTUCHOUX.

Non, ne le dites pas.... c'est bien. Bonjour, petites gens, bonjour. Je comprends que c'est pour vous un grand honneur de vous allier à la haute famille des Chouvert de Vertuchoux. Je sais que je déroge, que je m'encanaille.... mais bah! je m'en moque.... mes aïeux en penseront ce qu'ils voudront; j'épouse cette petite créature; elle me plaît, je l'épouse, voilà comme je suis.

CANICHON.

Pour lors, nous n'avons plus qu'à nous rendre chez monsieur le bailli.

VERTUCHOUX.

Du tout, le bailli est occupé; nous ne pourrons signer le contrat que ce soir.

TOUS.

Ce soir?

VERTUCHOUX.

Oui, après la vente qui doit se faire au vieux château de l'enchanteur Faustus.

RISETTE.

Faustus, le Vieux de la Montagne?

MADAME CANICHON.

Comment?.... on vend chez lui?

VERTUCHOUX.

Vous ne savez pas ça? Ce vieux sorcier est mort.

TOUS.

Mort!

CANICHON.

On disait qu'il était immortel.

VERTUCHOUX.

Le fait est que, de mémoire d'homme, personne ne l'avait vu naître; depuis trois siècles ce vieux château, que l'on aperçoit tout là-bas, renfermait cet être fantastique, qui ne se montrait jamais, et que les pâtres de la montagne pouvaient seuls entrevoir quelquefois à travers les vitraux du vieux manoir.

CANICHON.

Et comment a-t-on su qu'il était mort?

VERTUCHOUX.

Je n'en sais rien; c'est le bailli qui m'a fait dire ce matin que la signature était remise à ce soir, parce qu'on va vendre les bibelots de ce vieux réprouvé. Il m'engage à assister à cette vente, qui doit être curieuse, et, ne pouvant conduire ma noce au bailliage, je suis venu la chercher pour la conduire à la vente.

CANICHON.

Diable! diable! diable!

MADAME CANICHON.

C'est que les bergers du pays chantent une ballade sur le vieux château...

RISETTE.

Une ballade qui vous fait *freumir* de la tête aux pieds...

VERTUCHOUX.

J'aurais été bien surpris qu'il n'y eût pas eu une ballade là-dessous... et qu'il ne se trouvât pas parmi vous quelqu'un pour la chanter... C'est diantrement vieux et usé cela... c'est égal, nous avons encore une demi-heure devant nous. Voyons, qui est-ce qui sait la ballade?...

FLORINE.

Toby doit la savoir...

VERTUCHOUX.

Toby? qu'est-ce que c'est que ça?

CANICHON, le montrant.

C'est ça, monseigneur.

VERTUCHOUX, le lorgnant.

Ah! que c'est laid!

FLORINE, à part.

Est-il malhonnête!

TOBY.

Faites excuse, m'sieu l' marquis, mais j'ai pas le cœur à chanter, par ainsi...

VERTUCHOUX.

Qu'est-ce à dire, drôle! veux-tu bien chanter, quand je l'ordonne!...

TOBY.

Mais...

VERTUCHOUX.

Aimes-tu mieux que je te fasse bâtonner par mes gens?...

TOBY, effrayé.

Oh! non, j'aime encore mieux chanter...

VERTUCHOUX.

A la bonne heure... tâche que ce ne soit pas trop ennuyeux, entends-tu? (Il s'assied, ainsi que Florine.)

TOBY.

AIR *de M. J. Nargeot.*

PREMIER COUPLET.

Voyez ce vieux château maudit
Dont l'apparence est si suspecte;
Un soir, le diable le bâtit,
Sans maçons et sans architecte;
Et depuis plus de trois cents ans,
Toujours debout malgré le temps;
S'il s'écroule, suprise extrême,
Il se répare de lui-même.
C'est dans ce château singulier
Que demeure le vieux sorcier.
C'est à ne pas croire,
Écoutez l'histoire (*bis*),
L'histoire du vieux sorcier.

VERTUCHOUX, parlant.

Parfait... parfait... La fin se répète d'ordinaire en chœur, avec un mélange de mystère et de terreur. Allons, en avant le chœur!

CHOEUR.

C'est à ne pas croire,
Écoutez l'histoire, (*bis*)
L'histoire du vieux sorcier.

TOBY.

DEUXIÈME COUPLET.

Sans qu'aucun bruit trouble l'écho,
Quand les nuits sont froides et sombres,
Aux fenêtres du vieux château,
On voit passer comme des ombres.
C'est le diable qui donne bal,
Et tout à coup au fond du val
Avec des cris de voix humaines,
On entend comme un bruit de chaînes!
Là comme dans un bénitier
Se démène le vieux sorcier!
Il crie, il fulmine,
Et là se termine (*bis*),
L'histoire du vieux sorcier.

REPRISE EN CHOEUR.

C'est à ne pas croire, etc.

CANICHON.

C'est effrayant.

MADAME CANICHON.

Ça fait frissonner...

RISETTE.

Ça donne la chair de coq... brrrrr...

VERTUCHOUX.

Jarnibleu! le nid de ce hibou doit être curieux à visiter. Allons, en route!

CANICHON.

Comment, monseigneur, vous voulez...

VERTUCHOUX.

Je veux acheter à cette vente un bijou pour ma future, s'il y en a.

CANICHON.

Et vous ne craignez pas...

VERTUCHOUX.

Beau-père, vous êtes une oie!... Que tout le monde me suive.

AIR : *Allons, partons, mettons-nous en voyage.*

Allons, partons, je le veux, je l'ordonne,
Que l'on me suive au château du sorcier;
C'est un plaisir que le diable nous donne,
Et c'est à nous de l'en remercier.

CANICHON, *à part.*

Ah! j'ai grand peur!

MADAME CANICHON.

Je tremble... quell' bêtise!

RISETTE.

J'ach'f'rai queuqu' chose aussi dans le château.

VERTUCHOUX, *à Florine.*

Oui, je prétends vous faire une surprise.

RISETTE.

C'est à Jean L'blanc que j' veux faire un cadeau.

REPRISE EN CHOEUR.

Allons, partons quand monseigneur l'ordonne,
Il faut le suivre au château du sorcier, etc., etc.
(*Tous sortent à droite.*)

SCÈNE VIII

TOBY, *seul, s'arrêtant au moment de suivre les autres.*

Eh ben, non, je n'irai pas! A quoi bon la suivre?... N'est-ce pas ce soir qu'elle sera la femme de ce vieux singe de marquis? Tout n'est-il pas fini pour moi? Voyons, n'hésitons plus... J'ai voulu la revoir encore une fois, je l'ai revue, tout est dit. Demain, on trouvera ben un autre berger pour conduire mon troupeau sur la montagne... Finissons-en! (*Il va sortir. Un jeune homme enveloppé d'un manteau paraît au fond sur le monticule à gauche.*)

SCÈNE IX

TOBY, TRILBY.

TRILBY.

Pardon, l'ami, le château de Faustus le sorcier, s'il vous plaît...

TOBY.

Le château... tenez, regardez par là... vous le voyez d'ici... Bonjour, adieu...

TRILBY.

Comme vous êtes pressé!...

TOBY.

Moi... oui... j'ai affaire...

TRILBY.

Vilaine affaire que celle qui vous occupe.

TOBY.

Qu'en savez-vous?...

TRILBY.

Vous avez une figure toute renversée...

TOBY.

Si c'est mon plaisir...

TRILBY.

Et vous alliez vous tuer...

TOBY.

Si c'est mon idée...

TRILBY.

Triste plaisir et méchante idée, vous dis-je!

TOBY.

Allons, passez vot' chemin, et laissez-moi faire.

TRILBY.

Vous êtes donc bien pressé d'en finir... Je parierais qu'il s'agit de quelque amourette... A votre âge, on ne se tue que pour ces bêtises-là...

TOBY.

Eh ben! quand cela serait, ne suis-je pas le maître?...

TRILBY.

D'aller conter vos douleurs aux petits poissons de la rivière... si fait; mais, en cherchant bien, peut-être pourriez vous mieux faire...

TOBY, *secouant la tête.*

Je ne crois pas...

TRILBY.

Voulez-vous que je vous donne un conseil?

TOBY.

A quoi bon?

TRILBY.

On vous repousse parce que vous êtes pauvre, sans doute...

TOBY.

Eh ben?

TRILBY.

Prouvez que vous ne l'êtes pas...

TOBY.

Vous voulez me gouailler... comment pourrais-je prouver que je suis riche... quand je ne possède pas un écu d'argent?...

TRILBY, *qui étend le bras vers lui.*

De l'argent?... vous en avez plein vos poches. (*On entend le bruit que ferait une pluie de louis d'or.*)

TOBY.

Moi?

TRILBY.

Cherchez!

TOBY, *tirant de sa poche une poignée d'or.*

Que vois-je! ça se peut-il?... et de ce côté-là... tout de même. Ah! m'sieu, que c'est ben à vous; car il n'y a que vous qu'a pu me fourrer tout ça dans les poches... De l'or!... de l'or à pleines mains!...

AIR *du brasseur de Preston.*

Quoi! dans mes mains, de l'or! de l'or! est-il possible
Moi, le pauvre berger, riche comme un seigneur!
O prodige, ô bonheur!
Mon pouvoir est irrésistible!
Merci, mon bienfaiteur,
Vous êtes deux fois mon sauveur!

(*Prenant une poignée d'or et faisant sauter les louis.*)

Quoi! cet or qu'il me donne,
Cet or n'est à personne...
Et je l'entends qui sonne,
Qui sonne dans ma main!
Tin, tin, tin, tin, tin, tin, tin, tin,
Tin, tin, tin, tin, quel bruit divin!
Rien ne m'arrête plus et je vais à la vente,
Où je puis, à présent, me présenter aussi.
A moi, trésors, bijoux, à moi femme charmante!
A vous, mon bienfaiteur, merci! cent fois merci!
(*Il sort à droite.*)

SCÈNE X

TRILBY, *seul.*

Il faut avouer que je suis un bon petit génie... Et puis, un amoureux... qui aime au point de se tuer, ça intéresse toujours... c'est si rare! Mais n'oublions pas que mes frères attendent mon signal et que l'heure de la vente approche. (*Il jette son manteau et tire quelques sons d'un petit cor doré qui pend à sa ceinture.*)

SCÈNE XI

TRILBY, PHOSPHORIEL, ÉTHER, AZOLIN, et PLUSIEURS AUTRES PETITS GÉNIES. (*Ils entrent de tous côtés.*)

CHOEUR.

Air de Montaubry.

Nous voici, nous accourons
Au bruit de ce cor satanique,
Toujours lestes, toujours prompts,
A ce signal nous répondons.

TRILBY, *les passant en revue.*

Frères, êtes-vous là?

TOUS.

Que veux-tu ? nous voilà ?

TRILBY.

Au son de mon cor magique
Que chacun vienne et s'explique
Dans un congrès diabolique.

TOUS.

Parle donc... nous sommes là.

CHOEUR.

Nous voici, nous accourons, etc., etc.

PHOSPHORIEL.

Nous diras-tu pourquoi tu nous rassembles dans ce misérable village?

AZOLIN.

Nous qui depuis si longtemps nous reposions en liberté...

ÉTHER.

Et qui dormions d'un si bon sommeil.

TRILBY.

Parce que votre repos, votre bonheur, votre liberté sont menacés.

TOUS.

Menacés!

ÉTHER.

Et par qui?

TRILBY.

Écoutez; autrefois, vous le savez, nous étions forcés d'obéir aux talismans que possédaient les fées. Les fées distribuaient ces talismans aux humains, et nous, les esclaves de ces instruments magiques, nous devenions les très-humbles serviteurs de ceux qui les avaient en leur pouvoir.

PHOSPHORIEL.

Et ces humains étaient d'une exigence!...

TRILBY.

Oui, ils en ont tant fait, que le destin a supprimé les fées, qu'il a repris les talismans, et qu'il les a tous enfermés dans un vieux château sous la garde de l'enchanteur Faustus, qui devait vivre trois cent soixante-neuf ans, à la condition de toujours veiller sur ce précieux dépôt.

PHOSPHORIEL.

Eh bien?

AZOLIN.

Nous savions tous cela...

TRILBY.

Oui, mais ce que vous ignorez, c'est que Faustus le sorcier a vécu ses trois cent soixante-neuf ans, et qu'il est mort.

TOUS.

Mort!

TRILBY.

Et qu'aujourd'hui tous ces talismans, auxquels nous devons obéir, vont être vendus à la criée...

TOUS.

A la criée!

ÉTHER.

Mais c'est un coup terrible! Nous allons retomber au pouvoir des mortels...

PHOSPHORIEL.

Nous serons encore obligés d'être les valets de leurs fantaisies.

TRILBY.

Peut-être.

TOUS.

Comment?

TRILBY.

D'abord, il n'est pas bien certain qu'on les achète, ces talismans, dont on ignore la valeur; et puis, les achèterait-on, qu'il serait bien difficile de deviner leur pouvoir.

AZOLIN.

En effet... Ajoutez que depuis si longtemps, ils doivent être en bien mauvais état...

PHOSPHORIEL.

C'est ce dont il faudrait nous assurer...

TRILBY.

Rien de plus facile. (Il donne un son de cor, et tout aussitôt le théâtre change et représente un cabinet d'alchimiste; serpents et crocodiles pendus au plafond; rayons de gros livres poudreux; cornues et alambics; fioles et bocaux contenant diverses substances. Une grande table sort du dessous; sur cette table sont tous les talismans de la Féerie, posés sur de petits coussins. Sur les coussins sont un panier d'œufs dorés, un mirliton, une queue, une paire de bottes, une escarcelle pleine de poudre, une boîte remplie de pilules, un rameau d'or et un pied de mouton.)

ÉTHER.

Les voilà!... oui, oui, ce sont bien eux!...

PHOSPHORIEL.

Hélas! je les reconnais!

TRILBY.

Dire que nous les tenons là, sous la main, et que le roi des génies nous défend de nous en emparer!

AZOLIN.

Bah! on ne soupçonnera jamais la puissance attachée à ces affreux bibelots!

TRILBY.

Et, pourtant, quel bruit ils ont fait sur terre!

Air de Mangeant.

Avant cette vente à l'encan,
Comme de graves commissaires,
Examinons, mes chers confrères,
L'état de chaque talisman.

AZOLIN *montrant le panier d'œufs.*

Voici, pondus au premier âge,
Les œufs de la poule aux œufs d'or,
Du temps ils ont bravé l'outrage,
Et paraissent très-frais encor.

ÉTHER, *prenant une petite escarcelle.*

La poudre de Perlinpinpin
S'est conservée inaltérable;

(*Prenant la queue.*)

Vous voyez qu'à la queu' du diable,
Il ne manque pas un seul crin.

PHOSPHORIEL.

Le rameau d'or des Iles Bleues
Brille toujours comme un bijou...
Aux vieilles bottes de sept lieues,
Il ne manque pas un seul clou.

AZOLIN, *l'indiquant.*

Le pied de mouton, que voici,
Peut rendre encor plus d'un service;

TRILBY.

Oui, de ruses et de malices,
C'est un pied de mouton farci.

ÉTHER.

Voici le mirliton capable
De mille et mille enchantements.
Voici les pilules du diable
Qui firent aller tant de gens.

TRILBY.

Chut! plus un seul mot, mes enfants,
Il ne faut instruire personne;
Malheur à nous si l'on soupçonne
Le pouvoir de ces talismans.

TOUS.

Soyons discrets, soyons prudents,
Il ne faut instruire personne;
Malheur à nous, si l'on soupçonne
Le pouvoir de ces talismans.

LE BAILLI, en dehors.

Je vous dis que c'est indigne, que c'est stupide!

TRILBY.

Les autorités du pays!... disparaissons. (Ils s'éloignent par fond du laboratoire, dont le mur s'écarte pour leur livrer passage, et se r ferme aussitôt après leur départ.)

SCÈNE XII

LE BAILLI, LORIOT, DEUX CRIEURS PUBLICS.

LE BAILLI.

C'est une abomination! c'est une dérision! c'est une mys fication! ça n'a pas de nom!

LORIOT.

Mais, monsieur le bailli...

LE BAILLI.

Taisez-vous, garde-champêtre, j'ai le courage de mes op nions, moi; et je déclare que feu ce sorcier était un vie grigou, un vieux va-nu-pieds!... J'ai le courage de mes op nions!... Nous laisser croire à d'immenses richesses, à d trésors!... nous faire tambouriner à dix lieues à la ronde u vente à la criée, me faire inviter le noble seigneur Cho vert de Vertuchoux, et ne nous laisser à inventorier que d niaiseries!... car voilà tout ce que nous avons trouvé à vend dans le château!... et nous l'avons parcouru de la cave grenier!... Enfin, c'est égal, messieurs les crieurs, veuil prendre place... Loriot, ouvrez la porte, et laissez la foule précipiter... elle sera contente, la foule... Ah! que je suis do vexé! que je suis donc humilié!

LORIOT, au dehors.

On peut entrer!

SCÈNE XIII

LES MÊMES, CHOUVERT DE VERTUCHOUX, FLORIN CANICHON, MADAME CANICHON, RISETTE, CHIGNA SON, PAYSANS ET PAYSANNES, PIQUEURS, puis TOBY.

CHOEUR.

AIR : *Ah! c' cadet-là.*

Ah! cré coquin,
Qu' c'est donc vilain!
Ici, tout tombe en loque,
Papiers, rideaux

Tomb'nt en lambeaux ;
Quelle affreuse bicoque !
bicoque ! (*Bis.*)

VERTUCHOUX.

On me disait,
Me chantait
Que c'était
Un palais magique
Et diabolique,
En diamants
Tous les appartements
Devaient faire un effet magnifique !
Que j'aurais plaint le vieux sorcier,
Dont voici la boutique,
S'il eût vendu son mobilier,
Pour payer son loyer !

REPRISE.

Ah ! cré coquin, etc., etc.

LE BAILLY.

La vente est ouverte !

TOBY, entrant toujours sous son même costume, mais le portant avec dignité et marchant fièrement.

Comment, comment, ouverte ?... Un instant, s'il vous plaît, laissez donc au monde le temps d'arriver !

TOUS.

Toby !... quel genre !

CANICHON.

Toby à la vente !

RISETTE, riant.

Est-ce que tu viens pour acheter le château ?

TOBY, avec suffisance.

On ne sait pas... peut-être bien... on ne sait pas...

VERTUCHOUX.

Comment, les mendiants entrent ici ?

TOBY.

Et pourquoi pas ?... si les mendiants sont aussi riches que les grands seigneurs ?

VERTUCHOUX.

Qu'est-ce à dire ?

FLORINE, à part.

A-t-il perdu l'esprit ?

TOBY.

Eh bien, voyons, la commencons-nous, cette vente ?... Et d'abord, qu'y a-t-il à vendre ?

LE BAILLY, avec humeur.

Vous le voyez bien, tous les objets qui sont sur cette table.

CHIGNASSON.

Ah ben ! elle est jolie, la vente !

TOUS.

Ha ! ha ! ha ! ha !

RISETTE.

Eh ben, et tous ces livres-là... et ces serpents-ci... et ce *corcodille*... et ces oiseaux... et ces bouteilles... et tous ces bric-à-brac... est-ce qu'on ne les vend pas aussi ?

LE BAILLY.

Silence !... Par un testament en bonne et due forme, les livres, objets d'histoire naturelle et instruments de chimie sont légués au musée de la ville... Enfin, je n'ai que cela à mettre aux enchères, et la vente commence.

LORIOT.

Un pied de mouton, à six deniers le pied de mouton !

TOUS, riant.

Ha ! ha ! ha ! ha !

LE BAILLY.

Silence !

VERTUCHOUX.

Tiens, j'y pense, mon imbécile de domestique a cassé ce matin le pied de biche de ma sonnette ; si je te remplaçais par un pied de mouton ?

LORIOT.

A cinq deniers le pied de mouton !

VERTUCHOUX

Je le prends.

LE BAILLI.

Adjugé au seigneur Chouvert de Vertuchoux !

LORIOT, prenant les bottes.

Une paire de bottes, trois livres !

CANICHON.

On demande à voir la semelle.

LORIOT.

Trois livres la paire de bottes !

CANICHON.

Je les prends.

LE BAILLI.

Adjugées les bottes à maître Canichon. (Prenant le panier d'œufs.) Un panier d'œufs de Pâques.

MADAME CANICHON.

Des œufs tout dorés... c'est plus joli que des œufs rouges... combien ?

LORIOT.

A trois de six blancs...

MADAME CANICHON.

Je les prenons *tretous*.

LE BAILLI.

Adjugés les œufs à madame Canichon.

LORIOT, prenant la queue.

Une queue de je ne sais quoi... que ça peut bien être une queue de vache ou de mulet.

RISETTE, à part.

Ah ! peurlotte ! et Jean Leblanc qui n'en a point... c'est ça qui le flatterait.

LORIOT.

A dix deniers la queue de je ne sais quoi...

RISETTE.

Passez-moi ça !

TOUS, riant.

Ah ! ah ! ah ! ah ! ah !

RISETTE.

Sont-y bêtes ! si ça me plaît !

LORIOT.

Une petite escarcelle avec de la poudre dedans...

LE BAILLI.

De quelle poudre ?

LORIOT.

Je n'en sais rien... (Il en égrène une pincée sur la table, en disant :) Je voudrais que ça soye du tabac, que je vous en offrirais une prise à tous... (Tout le monde se met aussitôt à éternuer.)

VERTUCHOUX.

Tiens ! on s'enrhume ici !

LORIOT.

Un mirliton !... trois deniers...

RISETTE.

C'est encore dans mes moyens, passez-le-moi.

TOUS, riant.

Ah ! ah ! ah ! ah ! ah !

RISETTE.

Eh ben, quoi ?... nigauds ! J'ai-t'y pas l' droit de m'offrir un mirliton ?

LORIOT.

Une boîte de pilules...

TOUS, riant.

Ah ! ah ! ah ! ah ! ah !

LORIOT.

A vingt-cinq deniers la boîte.

TOBY.

Je la prends.

LORIOT.

Oui... mais voyons ton argent.

TOBY, montrant son or.

On en a.

CANICHON.

Ah ! Toby qui achète des pilules !

TOBY.

C'est pas pour moi ; mais la vieille Micheline, qui garde les vaches, al' ne fait que tousser, ça lui fera peut-être du bien... pisque c'est un remède.

LORIOT.

Un rameau en je ne sais quoi !

LE BAILLI.

Voyons voir que je voie !... (Examinant le rameau.) Mais c'est de l'or !... oui, parbleu !... J'appelle l'attention des connaisseurs sur cet objet...

FLORINE.

Oh ! qu'il est joli !

VERTUCHOUX.

A la bonne heure, voilà quelque chose au moins... A combien le rameau d'or ?

LORIOT.

Dix louis...

VERTUCHOUX.

Je les donne !...

TOBY, à part.

Pour l'offrir à Florine. (Vivement.) J'en donne vingt !

TOUS.

Hein ?...

CHOEUR.

Air de J. Nargeot :

Quel est ce nouveau mystère ?
Toby, si pauvre jadis,
Est-il donc millionnaire,
Pour lutter contre un marquis ?

VERTUCHOUX.

Moi, le premier je me présente.

LORIOT.

Nous disons vingt louis.

VERTUCHOUX.

Moi, je dis
Vingt-cinq louis.

TOBY.

Trente louis.

VERTUCHOUX.

Morbleu! moi, j'en donne quarante.

TOBY.

Vraiment, quarante louis?... Ah! le marquis plaisante,
Puisque, moi, j'en donne cinquante.

LORIOT.

A cinquante louis le rameau!

TOUS.

Oh!
O surprise, ô prodige, ô miracle!

VERTUCHOUX.

Ah! tu prétends me faire obstacle
Eh bien, je vais à cinquante-cinq louis!

TOBY.

Et moi, jusqu'à soixante louis...

VERTUCHOUX.

Ah! mais le petit gueux m'enfonce...

LORIOT.

Allons, soixante louis, personne ne dit mot?

VERTUCHOUX.

Non, non, c'est trop d'argent, c'est trop,
Et ma foi, tant pis, j'y renonce.

LORIOT.

Or donc, à Toby le rameau.

TOBY, *tombant à genoux devant Florine.*

Puisque vous l'avez trouvé beau,
Il est à vous, à vous, mamzelle!

CHŒUR.

C'était pour elle!
Quoi, tant d'argent
Aux mains d'un petit indigent!
Pour payer ce cadeau princier,
Il faut que Toby soit sorcier...
C'est un sorcier! (*bis*).

VERTUCHOUX.

Ce petit manant! se permettre de faire un pareil cadeau à ma fiancée! J'ai bien envie de lui tirer les oreilles... Palsembleu! ventrebleu! (*Toby se sauve en riant.*)

RISETTE, *calmant Vertuchoux.*

Allons donc... un jour de mariage, se fâcher quand tout le monde ici a le cœur à la danse... Tenez, moi, avec mon mirliton, je veux conduire la noce jusqu'au château.

VERTUCHOUX.

Ça sera gai!

CANICHON.

Ça fera une fichue musique...

RISETTE.

Essayons voir.

CANICHON.

Je te le défends! (*Risette se met à souffler dans son mirliton; tout aussitôt chacun se met à danser sur place, comme malgré soi. Le Balli lui-même, malgré sa gravité, est obligé de sauter avec les autres, et tous sortent en sautant comme des pantins.*)

Le théâtre change et représente un coin de la ferme. Paysage au fond; à droite, la mangeoire de l'âne.

SCÈNE XIV

TOBY, LA VIEILLE MICHELINE.

MICHELINE.

Comment, garçon, c'est vrai possible que t'aies pensé à moi?

TOBY.

Oui, bonne vieille mère Micheline, et v'là des pilules que j'ai achetées à vot' intention.

MICHELINE.

Des pilules? Eh! mon garçon, il n'existe pas de remède contre la vieillesse et contre les infirmités.

TOBY.

Bah! Vous n'avez encore que quatre-vingt-quatre ans, pas vrai?

MICHELINE.

Et six semaines passées.

TOBY.

Eh ben, grâce à ces pilules, celui qui les possédait a vécu trois cent soixante-neuf ans.

MICHELINE.

Oh! oh!

TOBY.

C'est comme je vous le dis.... D'ailleurs ça doit être bon pour la toux et pour les rhumatisses.

MICHELINE.

C'est possible. Et puis, si ça ne me fait pas de bien...

TOBY.

Ça ne peut point vous faire de mal.

MICHELINE.

Voyons, donne-m'en une.

TOBY, *lui en donnant.*

Tenez, avalez-moi ça.... c'est p't-être ben mauvais... mais enfin....

MICHELINE.

Allons.... Et puisse ta pilule me rendre ma santé, ma jeunesse et ma gaieté d'autrefois.

TOBY.

Allez-y!

MICHELINE. (*Elle a avalé la pilule, tout aussitôt son costume de vieille disparaît et la voilà revenue à l'âge de vingt ans, vêtue des plus élégants atours.*)

AIR: *A mon beau château.*

Qu'est-ce que je vois!

TOBY.

O merveille
Sans pareille!
Qu'est-ce que je vois!

MICHELINE.

Me voilà comme autrefois.

TOBY.

Serait-ce une erreur...

MICHELINE.

Non, d'ivresse
Et de jeunesse,
D'espoir, de bonheur,
Je sens palpiter mon cœur.
Oui, ce petit cœur
Ressuscite
Et repalpite,
Oui, ce petit cœur
Ne demande qu'un vainqueur...
Plus de cheveux blancs,
J'ai retrouvé, quelle chance!
Ma fraîcheur, mes dents,
Et mes jambes de quinze ans.
Quand tout m'est rendu,
A la danse, danse, danse,
Quand tout m'est rendu,
Réparons le temps perdu!
(*Elle sort en dansant.*)

SCÈNE XV

TOBY, *seul.*

En voilà une fière farce! Voyez-vous la malicieuse, qui me fait accroire, depuis bientôt deux ans, qu'elle est vieille et impotente... C'est que tout le monde y a été pris comme moi: elle était ridée, courbée, ne marchait qu'avec un bâton.... et à c't'heure.... Ah! la bonne farce! Ah! la satanée Micheline! Eh bien, qu'est-ce que je vas faire de mes pilules à présent? Après ça, elles ne m'ont pas coûté aussi cher que le rameau d'or.... Pour l'offrir à Florine au nez et à la barbe de ce vieux Vertuchoux, j'ai donné tout mon or... Aussi je n'ai plus rien... si, j'ai des tiraillements dans l'estomac. Tiens! si je mangeais une pilule... C'est peut-être bon pour la faim. (*Il en prend une et la met dans sa bouche.*) Ah! si je pouvais lutter avec ce vieux marquis, avoir comme lui de beaux habits, de belles parures!.... (*A ce moment son costume tombe, et il paraît vêtu en petit seigneur.*) Ah! mon Dieu! Est-il possible! Qu'est-ce qu'a fait ça?... mais qu'est-ce qu'a fait ça?

AIR: *de la Gerbaude* (P. Henrion.)

Quoi! c'est à moi ces beaux habits?
Suis-je baron, comte ou marquis?
Ah! quelle surprise!
Une telle mise
Fera jaser dans ces cantons...
Et que vont dire mes moutons?
O ciel! ô ciel! en croirai-je mes yeux?
Ah! que je suis heureux!
Mais comment ça peut-il se faire?
C'est peut-être mon inconnu,
Qui, pour terminer ma misère,
Dans le village est revenu.
Ce matin, voyant mes souffrances,
Il se faisait avec bonheur
Le ministre de mes finances...
Voilà qu'il se fait mon tailleur!
Quoi c'est à moi ces beaux habits!
Suis-je baron, comte, ou marquis?
O prodige étrange!
Un sorcier me change!
Que ne puis-je remercier
Ce bienfaiteur, ce bon sorcier?...

Car lui, lui seul vient de combler mes vœux !
Ah ! que je suis heureux !
(*On entend au dehors des rires des jeunes filles.*)

C'est les jeunes filles qui reviennent de la vente avec Risette... Que vont-elles dire en me voyant comme ça?

SCÈNE XVI

TOBY, RISETTE, JEANNETTE, MANON, PAYSANNES.

RISETTE, *entrant avec les autres paysannes et riant.*

Ah! ah! ah! ah!.... Ah! mais dansaient-ils! dansaient-ils!... Tant plus que je mirlitonnais, tant plus qu'ils gigotaient!

JEANNETTE.

Jusqu'à mon*sieure* le bailli!

RISETTE.

Oui, le vieux bailli, qui était furieux en faisant des entrechats.

MANON, *apercevant Toby.*

Tiens! regardez donc là-bas!

JEANNETTE.

Ce petit jeune homme?....

TOBY, *traversant le théâtre d'un air suffisant en fredonnant.*

Troum! troum! troum! troum!

MANON.

Qui que ça peut être?

RISETTE.

Je ne le connais point, mais c'est un petit seigneur qu'est joliment bâti tout de même.

JEANNETTE.

Et joliment attifé!

TOBY, *même jeu, chantant.*

Troum! troum! troum! troum! troum!

MANON.

Tiens, il chante...

JEANNETTE.

Il est très-gai.

RISETTE.

Tant pis... j'vas lui faire une révérence.

MANON.

Et moi itou. (*Les Paysannes s'approchent de Toby.*)

TOBY, *à part.*

Les v'là qui s'approchent.

RISETTE, *à Toby.*

Vot' servante, jeune homme.

TOBY, *d'un air protecteur.*

Ah! bonjour, villageoises... bonjour, petites... bonjour, bonjour...

RISETTE, *qui le reconnaît.*

Ah! bah!

MANON, *de même.*

Eh! mais...

JEANNETTE, *de même.*

Pas possible!

RISETTE.

Toby!... sous de pareils affutiaux!...

TOUTES.

Toby!...

RISETTE.

Un berger!

TOBY, *avec importance.*

Oui, c'est possible que je fusse été berger quelque temps... Mais on ne l'est plus... On a renoncé à cet état monotone et abject, pour la profession de grand seigneur, qu'est plus agriable... n'est-ce pas? (*Il se donne des airs.*)

RISETTE.

Mais, est-il gentil! est-il gentil! est-il gentil!

TOBY.

Vous trouvez, Risette?

JEANNETTE.

Je trouve aussi.

TOBY.

Et toi aussi, Jeanette?

MANON.

Et moi de même.

TOBY.

Merci, merci, Manon.

TOUTES.

Et moi aussi! et moi aussi!

TOBY.

Oh! mais vous me flattez, d'honneur!... Vous me confusionnez!

MANON.

Mais voyez donc comme il a bon air!

JEANNETTE.

Quelle jambe!

RISETTE.

Les jolis petits mollets!

TOBY.

Mam'zelle... mesdemoiselles...

MANON.

Il est à croquer!

JEANNETTE.

C'est un amour!

RISETTE.

Bah! il faut que je l'embrasse!

TOUTES.

Et moi aussi!

TOBY.

Ah! mais... ah! mais... vous êtes de *troppe!*

AIR : *Par le même chemin* (P. Henrion.)

Ah! que d'amour j'inspire!
Mon costum' les séduit;
Je les vois me sourire.
Merci, mon bel habit!

TOUTES.

Mais qu'il est donc gentil!
D'une tendresse extrême
Je sens pour toi battre mon cœur!

TOBY.

Voyez comme on vous aime,
Quand vous êtes seigneur!
Ah! c'est du bonheur!
Ah! ah! ah! ah! ah! ah! ah!
Mes demoiselles,
Vous êtes belles,
Ah! ah! ah! ah! ah! ah! ah!
Foi de seigneur!
Mais je n'ai qu'un seul cœur.

TOUTES.

Ah! ah! ah! ah! ah! ah! ah!
Pour tant de belles
Si peu cruelles,
Ah! ah! ah!
Ah! ah! ah! ah!
Un grand seigneur
Doit avoir plus d'un cœur.

RISETTE.

DEUXIÈME COUPLET.

Qu'est-ce que tu redoutes?
Choisis donc sans rougir.

TOBY.

Je vous choisirais toutes,
Si je pouvais choisir.

RISETTE.

Dam'! ça nous f'rait plaisir.

TOUTES.

Faut-il qu'on supplie?

TOBY.

Non, car mon cœur bat en secret!
(*Embrassant tour à tour Manon et Jannette.*)
Quelle est la plus jolie?
(*Avec effroi, à part.*)
Si Florine savait!
Ciel! qu'ai-je fait!
(*Haut*)
Ah! ah! ah!
Ah! ah! ah! ah!
Mesdemoiselles,
Vous êtes belles,
Ah! ah! ah! ah! ah! ah! ah!
Foi de seigneur!
Mais je n'ai qu'un seul cœur.

TOUTES (*reprise*).

Ah! ah! ah! ah! etc.

(*Toby sort en courant. Elles sortent toutes à la suite de Toby.—Risette seule reste en scène.*)

SCÈNE XVII

RISETTE, puis JEAN LEBLANC.

RISETTE, *seule.*

En v'là une coqueluche!... J' dois-t'y les suivre? Ah! bah! un petit homme comme ça, qui a tout un village sur le dos!... quoi que j'irais faire?... J' vois ben qu'il faut que je reporte toute ma sensiblerie sur mon âne!... Pauvre Jean Leblanc, va-t-il être flatté de mon attention délicate!... c'est à présent qu'on ne se moquera plus de lui dans le village!... (*L'Ane paraît derrière la mangeoire.*) Le v'là justement qui vient manger son avoine. (*Elle va à l'Ane.*) Bonjour, Jean Leblanc... je t'apporte un cadeau qui flattera ton amour-propre, ma pauvre bête! c'est un ornement qui te manque et qui va t'embellir... (*Tout en disant cela, elle a attaché la queue de l'Ane.*) Là, c'est fait!...

L'ANE.

Hiant! hiant!... hiant!

RISETTE.

Est-il content!... il me remercie. (L'Ane se débat et fait des cabrioles.) Eh ben! quoique t'as donc, Jean Leblanc?

L'ANE, ouvrant la bouche.

Seigneur!... je... l'ignore!...

RISETTE, reculant.

Ciel! il parle!

L'ANE.

Risette!... hiant!... Risette! ô ma maîtresse!... je sens que l'amour me transforme! hiant! (L'Ane disparaît tout à coup pour faire place à un gros garçon tout habillé de gris, n'ayant conservé que des oreilles assez longues.)

RISETTE.

Air de la Clochette.

O ciel! quel changement!
Mon âne, est-ce lui-même?

JEAN LEBLANC.

Oui, je suis Jean Leblanc,
Le Jean Leblanc qui t'aime!
Ah! prends-moi pour amant.
Hiant! hiant! hiant!

RISETTE.

Hiant!

JEAN LEBLANC.

Hiant!

RISETTE.

Hiant!

JEAN LEBLANC.

Hiant! (*bis ensemble*)

RISETTE.

Comment? v'là que mon âne est un garçon? un vrai garçon... et ce matin encore... Voyons, voyons, je dors-t'y?... (A part.) Si c'était un génie?...

JEAN LEBLANC.

O métaphormose! ô révolution pleine d'invraisemblance et de mystère!... tout à l'heure quatre pattes, un muffle, l'amour du chardon et du sainfoin... et maintenant une taille humaine, un profil grec, la parole, l'intelligence, la poésie... et l'amour du beefsteack aux pommes!

RISETTE.

Tu n'es donc pas un être surnaturel?...

JEAN LEBLANC.

Je n' crois point.

RISETTE.

Alors tu es homme? un vrai homme?...

JEAN LEBLANC, avec des aspirations poétiques.

Je crois qu'oui, et j'en suis fier, l'homme étant la bête la plus avancée de la création. Même que si l'on me dirait maintenant : Veux-tu redevenir un âne?... quand ce serait pour m'élever au rang des ânes les plus célèbres, y compris l'âne à Créon, l'âne à Baptiste, voire même l'âne à Charsis, que je répondrais : Ah! non! ah! non!

RISETTE.

Quand j' pensons que j'ai monté sur son dos...

JEAN LEBLANC.

Ah! mon dos sera toujours à votre service, ô Risette!

RISETTE.

Et quand il me portait à travers les plus mauvais chemins, il ne m'a jamais versée...

JEAN LEBLANC.

Excepté z'une fois, oui, rien qu'une...

AIR *de Madame Favart.*

J' l'avoue, un jour que j' vous portais, Risette,
J' vis des garçons qui vous embrassaient tous.
C'était le jour de votr' fête,
Et ce jour-là, ce jour, je fus jaloux!
J'étais un âne, un âne est bête,
J' vous ai versé' dans l' chemin vert;
Mais c' n'est que l' jour de votre fête
Qu'on a vu votre *âne y verserr.*

RISETTE.

Mais à présent que t'es un être humain, quoique tu vas faire... dis?

JEAN LEBLANC.

Je pourrais t'être maître d'école.

RISETTE.

Un âne comme toi?

JEAN LEBLANC.

On a vu des ânes savants...

RISETTE.

Non, écoute. D'abord j' vas te faire passer pour mon cousin, et te faire placer à la ferme de maître Canichon comme garçon de basse-cour... ça te va-t-il?

JEAN LEBLANC.

Je ne m'y oppose point... Seulement, me confier des poules et leur coq... Les poules passe encore, mais confier le coq à l'âne. (Riant de son mot.) Hiant! hiant! hiant!

RISETTE.

Allons, viens-tu-t'en?

JEAN LEBLANC.

Partout z-avec toi... Je vais t'attendre, si tu le voux, sur la *visière* de la forêt.

AIR *des Carrières de Montmartre.*

Que m'importent la maison
Le palais, la cabane?

REPRISE ENSEMBLE.

JEAN LEBLANC, *seul.*

Je serai chez Canichon,
Heureux de ma condition,
Si de Canichon
Vous aimez l' garçon,
Comme vous aimiez l'âne!

ENSEMBLE.

{Il sera / Je serai} chez Canichon.
Heureux de {ma / sa} condition,
Si de Canichon
{J'aime / Vous aimez} le garçon,
Autant que {j'aimais / vous aimiez} l'âne.

RISETTE.

DEUXIÈME COUPLET.

Mais moi j' possède en fait d' nom
Un nom de paysanne.

JEAN LEBLANC.

Ell' possède en fait de nom
Un nom de paysanne.

RISETTE.

Vous avez un nom d'ânon,
Et l' jour de notre union
Il me faudra donc
Dire au tabellion :
Monsieur, j'épouse un âne.

REPRISE ENSEMBLE.

JEAN LEBLANC.

C'est vrai; j' porte un nom d'ânon,
Et le jour de notre union
Il me faudra donc
Dire au tabellion :
Risette épouse un âne.

TROISIÈME COUPLET.

JEAN LEBLANC.

Qu'importe? marions-nous!
Tant pis si l'on cancane.

REPRISE ENSEMBLE.

JEAN LEBLANC, *seul.*

Je veux t'être votre époux,
Je le serai malgré vous,
Prenez garde à vous,
Je suis, entre nous,
Entêté comme un âne.

REPRISE ENSEMBLE.

RISETTE.

Il veut être mon époux,
Cet hymen serait bien doux,
Mais puis-je, entre nous,
Vouloir d'un époux
Entêté comme un âne?

RISETTE, parlant.

Bah! allons-y tout de même.

JEAN LEBLANC.

Mais qu'est-ce que je sens donc là? (Il prend la queue du diable qui lui pend au dos.)

RISETTE.

Tiens! mon emplette de la vente!

JEAN LEBLANC.

Ah! je veux la garder toute ma vie sur mon cœur....

SCÈNE XVIII

LES MÊMES, FLORINE, accourant de la gauche.

FLORINE.

Au secours! sauvez-moi! cachez-moi!

RISETTE.

Qu'avez-vous donc, mamzelle?

FLORINE.

C'est ce vilain marquis qui veut me faire monter dans sa carriole pour m'emmener dans son château...

RISETTE.

Avant la noce?... le vieux gueux!

JEAN LEBLANC.

Ça ne se fait point!

FLORINE.

Où me cacher?

JEAN LEBLANC.

Là, là, derrière la mangeoire. — Venez! (Ils y vont tous les trois.)

FLORINE.

Mais il va me voir... tenez, entendez-vous sa voiture? il me poursuit...

RISETTE.

Si nous pouvions gagner la rivière et passer à l'autre bord?

FLORINE.

Il n'est plus temps...

JEAN LEBLANC, qui tient la queue du diable en l'air.

Ah! que ne puis-je transformer cette mangeoire en bachot et faire venir ici la rivière! (Tout aussitôt la mangeoire se transforme en une jolie barque, qui se trouve au milieu d'une rivière qui a tout à coup envahi la scène. — Il fait nuit : la lune éclaire un ravissant paysage. — On aperçoit au fond le marquis de Tertuchoux qui conduit une petite carriole à moitié submergée, en criant : Au secours! j'enfonce!.... — Tableau.)

ACTE DEUXIÈME

Une chambre rustique au rez-de-chaussée. Au fond, à droite, une fenêtre assez large dans le genre des fenêtres de chalet, donnant sur la campagne. A gauche, une grande cheminée; à droite, 1er plan, une armoire, une table et chaises rustiques. Porte d'entrée à gauche au fond, une autre à droite.

SCÈNE PREMIÈRE

FLORINE, seule, tenant dans sa main, le rameau d'or.

Quels événements depuis hier! ce bateau qui nous emporte, cette rivière qui vient nous chercher, et ce pauvre marquis qu'on a été obligé de repêcher,... C'est à n'y rien comprendre... Et ce petit Toby, qui ne gagne que six écus par an, et qui me fait présent de ce joli rameau d'or... Que d'économies il a fallu qu'il fasse pour pouvoir m'offrir un pareil cadeau!... Aussi, je jure bien de ne jamais m'en séparer. (Elle monte sur une chaise et attache le rameau d'or au-dessus de la cheminée.)

SCÈNE II

FLORINE, MADAME CANICHON, arrivant du fond avec le panier d'œufs.

MADAME CANICHON, à la cantonade.

Et moi, j'vous dis que ça doit être encore meilleur que des œufs rouges. (Entrant.) Que diable! des œufs dorés, c'est plus distingué, plus noble, plus financier. Tiens, faudra que je me régale d'une omelette à la financière... Ah! te v'là, Florine? Me direz-vous, mademoiselle, pourquoi vous avez quitté comme ça toute la noce? (Elle a posé le panier sur une table à droite.)

FLORINE.

Tiens! pour venir ici déposer mon rameau d'or, et pour l'admirer plus à mon aise.

MADAME CANICHON.

Ma fille, ce qui s'est passé à la vente n'est pas naturel.

FLORINE.

Que dites-vous?

MADAME CANICHON.

Je dis, je dis que ce petit mendiant de Toby, qui lutte de richesses avec son seigneur pour acheter un rameau, non pour lui, mais pour toi, ça prouve...

FLORINE.

Tiens, ça prouve qu'il est plus généreux et plus galant que son seigneur.

MADAME CANICHON.

Possible; mais le prix qu'il l'a payé... d'où cet argent lui vient-il? Et puis, règle générale, ma fille : tous les hommes qui nous font de beaux cadeaux en exigent tôt ou tard le remboursement.

FLORINE.

Eh bien! c'est mon mari qui payera.

MADAME CANICHON.

Ah! le pauvre cher homme! mais c'est justement ce que je crains pour lui.

CANICHON, en dehors, appelant.

Risette! Risette!

FLORINE.

Ah! voilà mon père!

SCÈNE III

LES MÊMES, CANICHON, portant ses bottes sous son bras.

CANICHON, entrant par le fond.

Risette!... oh! la grande dinde! qu'est-ce qu'elle a fait de mon âne?

MADAME CANICHON.

Voyons, est-ce Risette ou votre âne que vous appelez?

CANICHON.

Je les appelle toutes les deusses, puisqu'ils ne marchent jamais l'une sans l'autre.

FLORINE.

Ah! ce pauvre Jean Leblanc, le jour de ma noce, il devrait bien avoir congé.

CANICHON.

Comment donc, mais c'est moi qui vas prendre sa place; c'est moi qui vas porter les sacs au moulin, le fourrage à la ferme.

FLORINE.

Mais aujourd'hui... papa.

CANICHON.

Aujourd'hui, je fais ce que je dois faire; faut que mon âne et ma fille fassent comme moi.

FLORINE.

Eh bien! qu'est-ce que j'ai donc à faire, moi?

CANICHON.

Toi?... tu as à te marier, et, pour ça, à te requinquer un brin. Dans une demi-heure, nous partons pour le château où mon noble gendre nous attend. Dépêche-toi de te faire le plus belle que tu pourras... tu m'entends, le plus belle que tu pourras!

FLORINE, à part.

Au fait, je puis encore rencontrer Toby... (Haut.) J'vas me faire superbe! (Elle entre à droite.)

SCÈNE IV

MONSIEUR et MADAME CANICHON, ensuite JEAN LEBLANC et RISETTE.

CANICHON, se promenant toujours avec ses bottes sous le bras.

Où a-t-elle fourré ce maudit âne?

MADAME CANICHON.

Est-ce que vous voulez lui faire porter vos bottes?

CANICHON.

Mes bottes?... Ah! ces bottes-là... non, je les porterai moi-même à la cérémonie; ça me donnera un petit air cavalcadour... Mais cette Risette, ce Jean Leblanc, où sont-ils?... (Appelant.) Jean Leblanc! Risette!

MADAME CANICHON.

Ah! tenez, vous m'impatientez avec vos cris. (Elle sort à droite.)

CANICHON, seul.

Ah! je vous impatiente... Risette! Jean Leblanc!

JEAN LEBLANC, paraissant au fond.

Qui qui m'appelle?...

RISETTE, le suivant, et bas.

Veux-tu te taire! (Ils entrent par le fond.)

CANICHON, à Risette.

Ah! te v'là, toi? (Montrant Jean Leblanc.) Qu'est-ce que c'est que ce grand nigaud-là?

JEAN LEBLANC.

Nigaud?

RISETTE.

C' nigaud-là, c'est mon cousin, not' maître, un cousin d'Asnières...

JEAN LEBLANC.

Oui, c'est ça, âne hier...

CANICHON.

Je me fiche pas mal de ton cousin; ce n'est pas lui que je te demande, c'est mon âne, c'est Jean Leblanc.

JEAN LEBLANC.

Mais, me voilà, que je suis prêt à...

RISETTE, lui donnant un coup de poing.

Veux-tu te taire... (A Canichon.) J'vas vous dire, not' maître, c'est un grand malheur!... Hier, quand on s'est mis à tirer des pétarades au sujet de la noce, Jean Leblanc, qu'aime pas ça...

JEAN LEBLANC.

Ah! non!

RISETTE, après lui avoir donné une bourrade.

Il s'a mis à s'ensauver comme si qu'il avait le vertigo...

CANICHON.

Ensauvé?...

RISETTE.

Du côté de la rivière, ousqu'il est tombé, et qu'il s'est *neyé*...

CANICHON.

Neyé!... mon âne!... neyé!

RISETTE.

Alors, j' m'ai dit comme ça que peut-être ben que ça vous ferait plaisir de prendre mon cousin à sa place...

CANICHON.

Comment, malheureuse! tu perds mon âne, et tu as le toupet de me présenter celui-là à la place?

JEAN LEBLANC.

Ah! mais, que j' le vaux bien, s'il vous plaît... Savez-vous (Faisant le moulinet avec son bras.) que quand on s'avise de me *mécaniser*, je rue, moi... (Il rue.) Ah! mais... Et pour ce qui est de la force des reins, si seulement vous voulez monter sur mon dos, avec vot' épouse, que je me fais fort de vous porter à *Mémorency*, l'un portant l'autre, entendez-vous?... et pendant z'une heure encore.

CANICHON.

T'es trop fort et trop malin pour moi, passe ton chemin, mon bonhomme... Quant à toi, Risette, je te chasse.

RISETTE.

Ah! par exemple!

JEAN LEBLANC.

Ah! mais, non!... Chasser Risette!... ah! que non pas!... ou bien prenez-y garde... je sais un tas de choses sur vot' compte... moi, qui vous parle...

CANICHON.

Toi?...

JEAN LEBLANC.

Oui, moi... Vous souvenez-vous d'un jour oùsque j'étais en train de paître?...

CANICHON.

Toi?... (Risette bourre un coup de poing à Jean Leblanc.)

JEAN LEBLANC.

Non, vot' âne... Que vous m'aviez conduit dans le champ du voisin Pierre...

CANICHON.

Toi?...

JEAN LEBLANC.

Non, vot' âne... même que vous m'avez attaché au pied d'un arbre...

CANICHON.

Toi?...

JEAN LEBLANC.

Mais non, vot' âne...

CANICHON.

Oh! quelle patience!

JEAN LEBLANC.

Voyez-vous, monsieur, on ne se méfie pas assez des ânes.

AIR : *Comme il n'est pas possible!*

Marianne, la femme à Pierre,
Qui vous avait su plaire,
Pour le repas de ses lapins,
Venait cueillir de la fougère;
Et, sans pitié pour un confrère,
Trompé déjà par d'autr's voisins,
Vous avez embrassé Marianne,
A c' que m'a dit vot' âne.
Vous avez embrassé Marianne!
V'là c' que m'a dit vot' âne.

CANICHON.

Comment, gredin, tu oses me dire...

MADAME CANICHON, rentrant.

Eh ben, l'avez-vous trouvé, enfin?...

CANICHON, à part.

Oh! ma femme!... (Haut.) Oui, oui, chère amie, le v'là... v'là le successeur de Jean Leblanc.

RISETTE.

C'est mon cousin, bourgeoise, et vous ne perdrez pas au change.

MADAME CANICHON.

Un homme pour remplacer un âne, je n'entends pas ça; nous avons déjà ben assez d' bêtes parmi nos garçons de ferme.

CANICHON.

Mais...

JEAN LEBLANC.

Laissez-moi lui causer... que je vais l'amollir.

CANICHON.

Amollis-la... amollis-la... Et toi, Risette, viens me remettre ma cravate.

J. LEBLANC, *bas à Mme Canichon.*

Même Air.

Un jour, Jean L'blanc, d'un pas tranquille,
Vous menait à la ville;
Vous étiez monté sur son dos.
V'là qu' le p'tit François saute en croupe;
Ça f'sait un bien gentil p'tit groupe;
Mais s'il faut en croir' les propos,
Vous êt's entrés dans sa cabane...
A c' que m'a dit votre âne.
Vous êt's entrés dans sa cabane!
V'là c' que m'a dit votre âne.

MADAME CANICHON, troublée.

Voulez-vous bien vous taire?... répéter de pareils mensonges... Moi, et le petit François... par exemple... (A part. Comment a-t-il pu savoir?...

CANICHON.

Eh ben, c'est-y une affaire arrangée?

MADAME CANICHON.

Oui, oui, sa position m'a touchée.

RISETTE.

Allons, cousin, te v'là de la maison.

CANICHON.

Mais comment s'appelle-t-y ton cousin?

RISETTE.

Oh! appelez-le comme vot' âne, puisqu'il le remplace, ç n' vous changera pas.

CANICHON.

Eh ben, c'est dit, Jean Leblanc, mon garçon, faut nou rendre au château de monsieur le marquis de Vertuchoux; t porteras les provisions.

JEAN LEBLANC.

J'ai bon dos... allez-y! (Il veut lui prendre ses bottes. Donnez-mo ça d'abord...

CANICHON.

Non, j'vas les mettre.

JEAN LEBLANC.

Qu'est-ce que ça fait? donnez toujours.

CANICHON, le repoussant.

Mais non, que j' te dis... Est-il entêté!...

MADAME CANICHON, reprenant son panier.

Avec tout ça, nous ne dînerons pas maintenant avant tro heures d'ici... chez ces grands seigneurs on dîne à des heur *imbues*... et j'ai mon estomac dans les talons.

CANICHON.

Et moi aussi.

JEAN LEBLANC.

Et moi aussi.

RISETTE.

Je grignotterais ben quéque chose itout.

CANICHON.

Dis donc, femme, pisque nous avons acheté ces œufs-ci la vente... si tu nous faisais une omelette à la ciboulette?

JEAN LEBLANC.

Oh! oui!

MADAME CANICHON.

D'abord ces œufs-ci sont à moi.

CANICHON.

Oh! à toi ou à moi... (Il en prend trois dans le panier.)

MADAME CANICHON.

Je te défends d'y toucher...

CANICHON.

Dis donc... si je voulais prendre tout...

MADAME CANICHON.

Eh ben, essaye!... On t'en fera des omelettes à la ciboule avec des œufs d'or... (Elle va les serrer dans une armoire qui se tro à droite.)

CANICHON, furieux.

Oh! la maudite femme! il y a des jours où je la voudrais v plus loin que de près! (Il brise un œuf avec colère. Madame Canich semble passer à travers l'armoire et disparaît.)

RISETTE.

Voyons, not' maître, faut pas vous fâcher...

JEAN LEBLANC.

Pisque c'est ses œufs à c'te femme!... Quand des gens des œufs à eux... et que c'est à eux ces œufs... ça sont ses œ à eux!...

CANICHON, se retournant.

Eh! ben qu'on nous en fricasse d'autres... Allons, qu'alle est à c' t' heure?...

RISETTE.

Alle se sera *vesquée*.

CANICHON.

Je suis sûr qu'elle est allée bouder dans sa chambre... et au moment de partir pour la cérémonie... Allons, il faut j'aille l'amadouer. (Donnant les deux œufs qui lui restent à Jean Leb et à Risette.) Tenez, mangez toujours ça en attendant, v autres... Humez-les... ça se pique avec une épingle et s'hume! (Il sort à droite.)

SCÈNE V

RISETTE, JEAN LEBLANC.

JEAN LEBLANC.

Un œuf! j'en ai jamais mangé.

RISETTE.

Moi, j'en mange tous les jours, et j'en ai par-dessus les ailles.

JEAN LEBLANC.

Ça doit être fadasse, pas vrai?

RISETTE.

Quoique t'aimerais-ty mieux?

JEAN LEBLANC.

Oh! quand j'étais qu'un âne et que j'allais *t'à* la ville, je luquais toujours les gros pâtés que je voyais à l'étalage des tissiers.

RISETTE.

Moi, ce que je voudrais manger, c'est dè l'homard... Ah! ce je voudrais-t'y de l'homard!

ENSEMBLE.

J. LEBLANC.	RISETTE.
! que j'aimerais donc mieux	Ah! que j'aimerais donc mieux
gros pâté que ce coquard!	Un l'homard que ce coquard!

(ous deux brisent en même temps leur œuf par terre, et l'on voit aussitôt paraître sur la table un gros homard et un gros pâté.)

ENSEMBLE.

Ah! qu'est-ce que je vois!

JEAN LEBLANC.

Le pâté demandé!

RISETTE.

Et mon l'homard!

SCÈNE VI

LES MÊMES, CANICHON.

CANICHON, rentrant.

Comment, elle n'est point chez elle?... oùs qu'alle est donc llée?...

CANICHON.

Ah! bon, je devine, c'est not' maître qu'aura mis ça là...

CANICHON.

Hein?... quoi que j'ai mis là?

JEAN LEBLANC.

Ah! laissez-moi-z'en manger tant seulement z'une tranche, n'sieur Canichon, avec un peu de croûte?

RISETTE.

Et à moi, rien qu'une patte, not' maître?

CANICHON.

Une tranche de quoi?... une patte de qu'est-ce?

JEAN LEBLANC.

Du gros pâté...

RISETTE.

De ce beau l'homard.

CANICHON, étonné de trouver ces comestibles sur la table.

Un pâté!... un n'homard!.. Que je vous voye toucher à ça... un peu!... Ah ça! d'où peuvent venir ces comestibles?... Pardine, c'est mon noble gendre qu'aura envoyé tout ça...

SCÈNE VII

LES MÊMES, CHIGNASSON.

CHIGNASSON, accourant du fond.

Monsieur Canichon! monsieur Canichon!

CANICHON.

Eh ben, quoi? qu'est-ce que c'est?

CHIGNASSON.

C'est le seigneur du village qui m'a dit de vous dire que vous alliez chercher le bailli, parce qu'il veut tout de suite épouser vot' fille...

CANICHON.

Comment, le bailli n'est pas au château?... mais je vais être éreinté, les chemins sont si mauvais!... Ah! mes bottes!... (Allant s'asseoir sur une chaise près de la porte, et mettant ses bottes.) Satané bailli, va... il faut toujours courir après lui... Tiens! ça entre tout seul... on dirait qu'elles ont été faites pour moi... Ah! c'est drôle, comme je me sens léger là-dedans!... Allons, partons!... Ah! sacristi! oùsque je vais donc?... Ah! saperlotte! (En disant : Allons partons, on l'a vu disparaître et passer comme un éclair derrière la fenêtre.)

RISETTE et JEAN LEBLANC, poussant deux cris.

Ah! monsieur! not' maître!...

ENSEMBLE.

AIR *des Bloumérístes.*

Quel est ce mystère?
Que ses pas sont grands!
Nous lui voyons faire
Des pas de géant.
Il franchit l'espace,
Et sans s'accrocher,
Le voilà qui passe
Devant le clocher.

(Chignasson sort par le fond.)

SCÈNE VIII

JEAN LEBLANC, RISETTE, FLORINE.

FLORINE, entrant.

Mais qu'y a-t-il donc?... qu'avez-vous?

RISETTE.

Ah! mam'zelle, c'est vot' père qui file comme un ouragan.. comme le vent, quoi!

FLORINE.

Es-tu folle?

RISETTE.

Il y a de quoi le devenir.

JEAN LEBLANC.

Le fait est que m'sieur vot' papa s'est mis à galoper d'une force qu'il n'y a aucun chameau capable de le distancer.

RISETTE.

C'est à n'y rien comprendre, et faut qu'il y ait de la sorcellerie là-dessous... Au reste, tout est changé dans le pays, jusqu'aux bergers qui deviennent des seigneurs...

FLORINE.

Les bergers?...

RISETTE.

Oui, mamzelle... Vous savez ben le petit Toby, qui était si malheureux?...

JEAN LEBLANC.

Même que je l'ai vu maintes fois manger les petits fruits rouges qui viennent aux rosiers sur les routes... que ça a un autre nom que je ne sais pas... que ça gratte... ça gratte...

FLORINE.

Eh bien?

RISETTE.

Eh ben, je l'ai vu tantôt qu'était mis comme un prince; et, pas plus tard que tout à l'heure, je l'ai retrouvé sur la place du village, oùsque toutes les jeunes filles l'entouraient.

FLORINE.

Les jeunes filles?...

RISETTE.

Oui, et qu'elles le trouvaient ben avenant, et qu'elles disaient que c'était le plus beau gas ne notre endroit.

FLORINE.

Qu'est-ce que tu m'apprends là?

RISETTE.

AIR *de la Boulangère.*

Tout's les jeun's fill's, pour le r'tenir,
L'embrassaient par douzaine.

FLORINE.

L'embrassaient?...

RISETTE.

Ça leur f'sait plaisir.

FLORINE.

Plaisir?...

RISETTE.

J'en suis certaine.

FLORINE.

Mais Toby?...

RISETTE.

Je crois, quant à lui,
Que ça n' faisait pas d' peine à Toby,
Que ça n' lui f'sait pas d'peine?

FLORINE.

Ah! c'est affreux, c'est indigne... moi qui l'aimais quand il était pauvre... à peine est-il riche... Et je garderais son rameau... Oh! non, non! (Elle monte sur la chaise et va prendre le rameau à la cheminée.)

JEAN LEBLANC, bas à Risette.

Dis donc, ça a l'air de la contrarier ce que t'as dit là.

RISETTE.

Tu crois?

JEAN LEBLANC.

Tiens, la v'là qui grimpe sur les chaises... Règle générale: quand on grimpe sur les chaises, ça prouve qu'on est contrarié...

FLORINE, qui a décroché le rameau.

Ah! il est riche et il m'oublie... Eh bien, moi aussi... je serai riche, je serai noble... (Arrachant avec dépit une des feuilles du rameau.) Et quant à son cadeau, v'la le cas que j'en fais!... (Elle jette le rameau par la fenêtre, puis elle y jette encore avec colère la feuille qu'elle avait arrachée, en disant :) Oh! je voudrais être déjà chez le seigneur de Vertuchoux!

Le théâtre change et représente les jardins du château, avec un pigeonnier au fond et un pavillon à droite; à la porte du pavillon un cordon de sonnette; un petit tertre à gauche.

SCÈNE IX

FLORINE, JEAN LEBLANC, RISETTE, puis VERTUCHOUX.

RISETTE.

Tiens, oùs que nous sommes donc?

JEAN LEBLANC.

Tiens, nous sommes aut' part!

FLORINE.

Est-il possible?

VERTUCHOUX, entrant par la droite.

Que vois-je! ma fiancée!

FLORINE.

Le marquis!

VERTUCHOUX.

Et sans papa, sans maman...

FLORINE, à part.

Comment expliquer... (Comme ayant une idée. Haut.) Ah! j' vas vous dire : si je suis venue en avant avec Risette, que vous voyez... c'est pour vous prier, en m'épousant, de ne pas me séparer d'elle, qui est une bonne fille et qui m'est très-dévouée.

VERTUCHOUX.

Comment donc! mais très-volontiers. — Risette, tu resteras attachée à ma femme.

JEAN LEBLANC.

Attachée... (Bas à Risette.) Oh! ne vous laissez pas attacher, mamzelle; je sais ce que c'est.

RISETTE.

Je vous remercie ben, monseigneur, mais pour que je consentassé, faudrait aussi que vous attachissiez Jean Leblanc à votre service.

VERTUCHOUX.

Jean Leblanc?... où est-il ce Jean Leblanc?

JEAN LEBLANC, se montrant.

Sous votre œil, monseigneur.

VERTUCHOUX.

Ce garçon?.... Eh mais! justement, j'ai renvoyé Lafleur, qui avait cassé le superbe pied de biche qui pendait à ce cordon... allons, c'est dit. (A Jean Leblanc). Tu seras mon valet de chambre.

RISETTE et JEAN LEBLANC.

Ah! merci, monseigneur!

VERTUCHOUX.

Et, pour entrer en fonctions, tiens, attache ce pied de mouton à ce cordon de sonnette.

JEAN LEBLANC.

Oui, monseigneur.

VERTUCHOUX, tenant en main le pied de mouton.

Un pied de mouton, ça sera ridicule... j'aimerais bien mieux un pied de biche; mais enfin... Tiens, attache. (Sur le souhait formé par Vertuchoux, un pied de biche est venu de lui-même s'attacher au cordon de la sonnette.) Et maintenant, ma chère fiancée, permettez-moi de vous faire les honneurs de ce manoir que vous allez embellir! Acceptez le noble bras que je vous offre....

FLORINE.

Monsieur le marquis....

VERTUCHOUX.

De grâce, veuillez accepter. (Pendant ces quelques mots, Jean Leblanc est allé à la sonnette, a vu le pied de biche, puis, après un moment, est retourné auprès du Marquis qu'il interrompt en lui disant :)

JEAN LEBLANC

V'là vot' pied de mouton.

VERTOUCHOUX, prenant le pied.

Comment, mon pied?

JEAN LEBLANC.

Y a un pied de biche.

VERTUCHOUX.

Hein?

JEAN LEBLANC.

Le pied de biche y est....

VERTUCHOUX, regardant la porte.

Que vois-je! Ah! drôle! c'est une surprise que tu fais à ton seigneur; c'est toi qui viens d'attacher ce pied de biche.

JEAN LEBLANC.

Moi, monseigneur?

VERTUCHOUX.

Allons, ne mens pas.

JEAN LEBLANC.

Non, foi de galant homme!

VERTUCHOUX.

Je te défends de mentir.

JEAN LEBLANC.

Ah! mais! assez! Votre insistance est un outrage!

VERTUCHOUX, jetant avec fureur le pied de mouton à terre.

Plait-il? Oh! sans la présence de ma future, je voudrais que tu reçusses la plus belle paire de soufflets.... (On entend résonner deux soufflets.)

JEAN LEBLANC

Aïe! aïe! aïe!

RISETTE, allant à lui.

Eh ben! quéque t'as?

JEAN LEBLANC.

C'est monsieur qui m'a flanqué deux soufflets.

VERTUCHOUX.

Moi?.... Ah! voilà un effronté menteur!.... Je te corrigerai, mais plus tard; venez, ma charmante Florine.

JEAN LEBLANC, tirant la queue du Diable de sa poche.

Oh! si j'osais le rosser... avec ça... non, y verrait... Oh! Dieu! si je pouvais lui donner un bon coup de pied quéqu part et sans être vu!

VERTUCHOUX, qui conduisait Florine, jetant un grand cri.

Oh!... (Il se retourne et aperçoit Risette qui suivait.) Comment, mademoiselle, c'est vous qui vous permettez?....

RISETTE.

Quoi donc, monseigneur?

VERTUCHOUX.

AIR : *Les cinq codes que je me flatte.*

De la part de gente fillette
Un homme peut tout endurer.

FLORINE.

Mais enfin, qu'as-tu fait, Risette?

RISETTE.

Je suis encore à l'ignorer.

VERTUCHOUX.

Eh! quoi, me frapper par derrière!

RISETTE.

Qui, moi?...

VERTUCHOUX.

C'est un peu sans façon.
Est-ce donc de cette manière
Que vous entrez en fonction?
Je n'approuve pas la manière
Dont vous entrez dans ma maison.

RISETTE.

Mais je vous proteste...

VERTUCHOUX.

Allons, silence! allez tous deux voir à la cuisine si j'y su

JEAN LEBLANC.

Oui, monseigneur. Et si vous y êtes, qu'est-ce qu'il faud vous dire?

VERTUCHOUX.

Eh bien, tu me diras... imbécile!... (Il remonte avec Florine

JEAN LEBLANC, bas à Risette.

Merci, Risette, t'as bien fait.

RISETTE.

Quoi que j'ai bien fait?

JEAN LEBLANC.

De lui flanquer un coup de pied à c't endroit-là.

RISETTE.

Toi aussi?... Ah! c'est trop fort!...

JEAN LEBLANC.

Non, pas trop fort, non, c'était bien comme ça... Fau lui en donner un autre avant son déjeuner. (Ils disparaissen gauche.)

SCÈNE X

VERTUCHOUX, FLORINE, M. ET MADAME CANICH entrant par la droite, puis LE BAILLI.

CANICHON, portant ses bottes sous son bras.

Oui, madame, je vous dis qu'il y a de la magie, de la s cellerie, du diable là-dessous.

MADAME CANICHON.

Laissez-moi donc tranquille, c'est vous qui êtes le diable

VERTUCHOUX.

Qu'est-ce que c'est? qu'avez-vous?

CANICHON.

Ah! monseigneur, vous voyez un homme épouvanté Tantôt, étant un peu en colère contre ma femme, je m'écr Ah! toi, il y a des jours où je t'aime mieux de loin que près... et quelques minutes après, v'là que j' la retrouve à lieues d'ici, à la ferme des Trois-Moulins, sans qu'elle puisse me dire comment elle se trouvait sur le passage de mes bottes...

VERTUCHOUX.

De vos bottes?...

CANICHON.

Oui, monseigneur, j'ai des bottes diaboliques.

AIR *de l'Apothicaire.*

Sitôt que je veux faire un pas,
Enjambant villes et banlieues,
Croiriez-vous que je ne peux pas
Faire jamais moins de sept lieues,
Pour aller trouver le bailli,
J'ai mis ces bottes-là plus sottes;
Et sans arriver jusqu'à lui,
J'ai fait sept lieu's à propos d'bottes.

VERTUCHOUX.

Comment, le bailli n'est pas prévenu?

CANICHON.

Quand je vous dis que j'ai passé deux fois devant la maison sans pouvoir m'arrêter.

FLORINE, *à part.*

Le bailli ne viendra pas, quel bonheur!

VERTUCHOUX.

Mais c'est une fatalité! je ne me marierai jamais aujourd'hui.

CANICHON, *ramassant le pied de mouton.*

Tiens! un pied de mouton...

VERTUCHOUX.

L'envoyer chercher maintenant; il y a deux bonnes lieues d'ici chez lui...

CANICHON, *qui tient le pied de mouton.*

Satané bailli!... ah! que n'ai-je le pouvoir de te faire venir là avec ton encrier, ta plume et le contrat tout prêt à signer. (*Une table paraît au milieu du théâtre, et le bailli arrive sur un siége derrière la table, avec le contrat et une plume à la main.*)

LE BAILLI.

Je suis à vos ordres.

TOUS.

Comment, vous étiez là?

LE BAILLI.

Je n'y étais pas; mais j'y suis, je ne sais pas trop comment...

VERTUCHOUX.

Ah! ça va recommencer... Signons le contrat.

FLORINE, *à part avec un gros soupir.*

Allons! c'en est fait de moi. (*Tout le monde entoure le Bailli.*)

SCÈNE XI

LES MÊMES, TOBY.

TOBY, *paraissant à gauche.*

Est-ce possible!... je désire me trouver près de Florine... et tout aussitôt me voici chez le marquis, auprès d'elle... ça tient du prodige!

LE BAILLI.

Par devant nous : Pantaléon Marcassin, bailli de ces cantons...

TOBY, *à part.*

Ciel! elle se marie...

LE BAILLI.

Ont comparu : Noble seigneur Chouvert de Vertuchoux...

TOBY.

Maudit bailli! oh! si je pouvais l'empêcher de continuer...

LE BAILLI.

Et demoiselle Florine Canichon...

TOBY, *frappé d'une idée.*

Oh! en lui envoyant une pillule sur le nez...

LE BAILLI.

Fille de sieur et dame Canichon...

TOBY.

Tâchons de bien viser...

LE BAILLI.

Lesquels déclarent se prendre en légitime mariage.

TOBY.

Tiens! et puisses-tu tomber au fond d'un puits!

LE BAILLI, *faisant la bascule par-dessus la table, qui vient de se transformer en puits.*

Ah! la! la! la! (*Il disparaît.*)

TOUS.

Ciel!

CANICHON.

Le bailli dans un puits!...

VERTUCHOUX.

Une échelle! vite!... une corde!... des seaux! (*Des Domestiques accourent avec des cordes et une échelle.*)

ENSEMBLE.

AIR *du Barbier.*

Ciel! au fond du puits! malheur nouveau!
Quelle aventure!
C'est d'un triste augure!
Notre contrat tombe dans l'eau!...

VERTUCHOUX.

J'aperçois sa nuque!...
Non, c'est sa perruque!...

ENSEMBLE.

Ciel! au fond du puits, etc.

TOBY, *avec effroi.*

Mon souhait réalisé!... Ah! je ne voudrais pas sa mort... Pauvre bailli!... je l'aimerais mieux autre part.

LE BAILLI, *paraissant au haut du pigeonnier.*

Ah ça, qu'est-ce que je fais donc là, moi?

TOUS, *levant la tête.*

Ah!...

VERTUCHOUX.

Comment!... vous voilà là-haut, à présent?

LE BAILLI.

Oui, je ne sais comment ça se fait... mais... me voilà là-haut!

VERTUCHOUX.

Encore!... Ah! c'est trop fort!

TOBY, *à part.*

Quoi! pour voir tous mes souhaits se réaliser, il me suffit de toucher ces pilules?... Serait-ce donc ce que le vieux berger appelle un talisman?...

VERTUCHOUX.

Allons, descendez, bailli; ce que vous faites là est ridicule.

TOBY, *à part.*

Ah! nous allons bien voir!...

LE BAILLI.

Descendre, descendre... c'est facile à dire... mais par l'escalier des pigeons, c'est difficile à faire...

TOBY, *à part, tenant une pilule.*

Essayons!... Je veux que le pigeonnier se transforme en ballon et emporte monsieur le bailli! (*Ce souhait s'accomplit.*)

CHOEUR, *pendant que le Bailli traverse les airs.*

AIR : *Final du premier acte du Philtre.*

Ciel! monsieur le bailli!
Dans l'espace
Voilà qu'il passe!
Monsieur l' bailli! (*Bis.*)
Ah! mes amis, courons tous après lui!

(*Tous, excepté Toby, sortent en suivant des yeux le ballon.*)

SCÈNE XII

TOBY, *seul.*

C'est à n'en plus douter... toutes ces pilules... Ah! je ne m'étonne plus si, depuis hier, je marche de surprise en surprise!...

AIR *de M. Jules Boucher.*

Ah! je possède un talisman!
Mon pouvoir est irrésistible.
Sur la terre rien d'impossible
A qui possède un talisman!
Chaque désir que je formule
Va donc s'accomplir désormais.
Je n'ai qu'à prendre une pilule,
Pour voir s'exaucer mes souhaits.
Moi, pauvre berger, qui naguère
De chacun subissais la loi,
Moi, le plus pauvre de la terre,
Me voilà plus puissant qu'un roi!
Ah! je possède un talisman! etc.
Sans crainte, sans danger,
Quoi! je puis tout changer :
Les maîtres en valets,
La chaumière en palais,
Les fleurs en diamants,
Les maris en amants,
Les amants en maris,
L'enfer en paradis!
Mais je crois que Florine m'aime,
Et je demande à mon pouvoir suprême,
Qui peut tout changer ici-bas,
Que Florine ne change pas.
Mais non! (*bis.*) mon amour est si grand,
Qu'elle sera toujours la même!
Ah! je possède un talisman! etc.

VERTUCHOUX, *en dehors.*

C'est incroyable et abominable!...

TOBY.

Le marquis revient!... Ah! maintenant à nous deux!...

SCÈNE XIII

TOBY, VERTUCHOUX.

VERTUCHOUX, *entrant par la droite, et parlant à la cantonade.*

Que l'on suive le bailli et qu'on me ramène le ballon!... Non, que l'on suive le ballon et qu'on me ramène le bailli! (*Descendant la scène.*) Enfin, n'importe... En vérité, tout ce qui m'arrive commence à m'inquiéter!... (*Apercevant Toby qui marche en se dandinant avec prétention. A lui-même.*) Quel est ce jeune muscadin? (*Haut à Toby.*) Que faites-vous ici, jeune muscadin?...

TOBY, *prenant l'accent gascon.*

Cé qué jé fais, mon bien bon... mais sandious, vous lé voyez... jé mé proméné donc!

VERTUCHOUX.

Dans mon parc?... car, vous êtes dans mon parc, et sans ma permission!... vous êtes sans façon.

TOBY.

Sans façon, comme vous lé dites.

VERTUCHOUX.

Qui êtes-vous, s'il vous plaît?

TOBY.

Qui jé suis, capedébious!... Jé suis lé petit-fils dé moussu de Crac, baron de Fort-en-Crac, marquis de Patacrac et seigneur de Crac-en-Crac!...

VERTUCHOUX.

Trop de cracs!... trop de cracs!... Et de quel droit vous promenez-vous dans mon prac?... (*Se reprenant.*) Dans mon parc?...

TOBY.

Faut-il vous lé dire?

VERTUCHOUX.

Oui!

TOBY, *en confidence.*

J'ai entendu narrer qué la plus jolie fille dé cet endroit allait épouser le plus vilain marquis dé l'univers, et jé suis *venussé* pour enlever la pitchoune.

VERTUCHOUX.

Encore un enlèvement! D'abord, de quelle pitchoune et de quel marquis parlez-vous?

TOBY.

Chut! né lé dites pas... la pétité charmanté, un vrai bouton de rose, ellé s'appellé Floriné...

VERTUCHOUX.

Ah!

TOBY.

Et la vieille bête dé marquis, il sé nommé Chouvert...

VERTUCHOUX.

Assez!

TOBY.

Dé Vertuchoux.

VERTUCHOUX.

Trop!... Corne de bœuf!... Apprenez, petit-fils du sire de Crac, baron de Fort-en-Crac, et cœterac... que la petite charmante Florine est ma fiancée...

TOBY, *riant très-fort.*

Ah! bah! et vous sériez la vieille bête?

VERTUCHOUX.

Ventre de rhinocéros!... des yatagans!... des dagues!... des épées!... (*Sur un signe de Toby deux épées sortent de terre.*)

TOBY.

En voici!

VERTUCHOUX.

Comment!... elles sortent de terre!... je n'en ai point semé à cet endroit... peu importe! (*Il les prend.*) Mesurons-les, et en garde!

TOBY.

Donnez-moi cellé qué vous voudrez.

VERTUCHOUX.

Je choisis celle-ci qui est une idée plus longue... choisissez l'autre.

TOBY, *prend l'épée.*

Volontiers... la plus petite au fils de Crac et l'honneur à la famille!...

VERTUCHOUX.

garde!

TOBY.

En gardé, moussu!... et ouvré l'œil... car jé vais t'incruster dans lé mur, né té laissant qué la main droite dé libré pour mé saluer. (*Ils ferraillent, l'épée de Toby s'allonge, celle du marquis se raccourcit.*)

VERTUCHOUX.

Qu'est-ce que je vois là?... Qu'est-ce que je vois là?...

AIR : *Un homme pour faire un tableau.*

Ciel! un instant!

TOBY.

Trêve aux propos!

Malheur à toi si tu trembloteș!

VERTUCHOUX.

Mais nos fers ne sont plus égaux.

TOBY.

Je connais de nouvelles bottes.

VERTUCHOUX.

Lorsque mon fer se raccourcit,
Je vois s'allonger sa flamberge;
Comme une asperge, elle grandit,
Et je crains les bottes d'asperge!
J'exècre les pointes d'asperge!

TOBY.

Mordious! sandious! capédébious! tu récules!

VERTUCHOUX.

Eh bien! oui, je recule... parce que j'aime mieux me battre au pistolet.

TOBY.

Des pistolets!

VERTUCHOUX.

Oui, des pistolets!

TOBY, *faisant un geste.*

En voici! (*Des pistolets sortent de terre.*)

VERTUCHOUX.

On a donc semé tout un arsenal sur mes terres!

TOBY.

Choisissez!

VERTUCHOUX, *prenant un pistolet.*

Finissons-en!

TOBY, *de même.*

A cinq pas!

VERTUCHOUX.

A cent pas?... ça me va.

TOBY, *qui est à droite.*

Je reste là... comptez vous-même.

VERTUCHOUX, *faisant de grands pas de droite à gauche.*

Un, deux, trois, quatre, cinq, six, sept, huit, neuf, dix... (*Il disparaît un moment.*)

TOBY.

Comme il y va!... Eh! farceur, vous allez trop loin.

VERTUCHOUX, *en dehors.*

Je compte jusqu'à cent pas.

TOBY.

J'ai dit cinq... cinq.

VERTUCHOUX, *rentrant.*

J'avais entendu cent... (*Il va se placer sur le petit tertre à gauche.*)

TOBY.

Tiens, vous montez là?

VERTUCHOUX.

Oui, je suis plus à mon aise.

TOBY.

Peu importé!... jé tirérai dé bas en haut.

VERTUCHOUX.

Et moi, du haut en bas.

TOBY, *riant.*

Comme un ramoneur... Si vous voulez même aller plus haut, né vous gênez pas. (*Ici le tertre sur lequel est Vertuchoux commence à s'élever.*)

VERTUCHOUX, *visant, sans s'apercevoir qu'il monte.*

Non, je suis très-bien.

TOBY.

Vous y êtes?

VERTUCHOUX, *qui vise toujours.*

Non, je n'y suis plus... c'est drôle... on dirait qu'il se baisse... Ne vous baissez donc pas.

TOBY.

Capedébious! croyez-vous qué vous mé faites peur? Chez les Crac, moussu, on mange uné dinde à la bouche d'un canon!

VERTUCHOUX.

Alors, si vous ne vous baissez pas, il m'arrive quelque chose... Je ne peux pas trouver le point de mire.

TOBY.

Y êtes-vous à la fin?

VERTUCHOUX, *regardant à ses pieds.*

Ciel! la montagne qui s'est élevée! Serait-ce le sorcier, qui vient d'enlever mon bailli en ballon, qui m'enlève?

TOBY.

Tu as deviné! (*Il tire son coup de pistolet, la perruque du marquis enlevée dans les airs.*)

VERTUCHOUX.

Ah! il m'enlève aussi ma perruque!

TOBY.

Et ce n'est pas encore tout ce que je t'enlèverai!... A moi, Florine! (*Ici, le tertre sur lequel est Vertuchoux s'ouvre, et l'on voit Florine couchée dans un bosquet de roses.*)

SCÈNE XIV

LES MÊMES, FLORINE.

FLORINE.

Où suis-je donc?

TOBY, *allant près d'elle.*

Près de moi!

FLORINE, *le repoussant.*

Toby!...

TOBY.

Vous me repoussez!

FLORINE.

Ah! l'on ne m'avait pas trompée... ce costume...

VERTUCHOUX, *à part.*

J'entends chuchotter sous mes talons... Que se passe-t-il dans ce sous-sol?

TOBY.

Ce costume?... je l'ai mis pour vous plaire.

FLORINE.

A moi... et à bien d'autres.

VERTUCHOUX, *à part.*

Impossible de descendre!

TOBY.

A vous seule, puisque c'est vous seule que j'aime!

FLORINE.

AIR *de Brune et Blonde* (Loïsa Pujet).

Monsieur, laissez-moi! (*bis.*)

TOBY.

Vous me repoussez... pourquoi?

FLORINE.

Monsieur, laissez-moi! (*bis.*)

TOBY.

Crois moi,
Je n'aime que toi!
(*Ils viennent en scène.*)

VERTUCHOUX.

Que vois-je?... Tous deux!

FLORINE.

Vous parlez de même
Au premier minois que vous rencontrez.

TOBY.

Florine, c'est toi, toi seule que j'aime!
Je le jure!

FLORINE.

Eh quoi! vous me le jurez!

VERTUCHOUX.

Là, sous mes yeux, il ose encore...

TOBY

Ne doute plus de mon amour...
C'est toi, toi seule que j'adore.

VERTUCHOUX, *ajustant Toby avec son pistolet.*

Oh! je n'y tiens plus... et c'est son dernier jour.
(*Il tire, un bouquet vient tomber aux pieds de Florine.*)

TOBY, *ramassant le bouquet et le présentant à Florine.*

Prenez ce bouquet,
Ce bouquet
Coquet:
L'amour vous le destinait;
Prenez ce bouquet,
Qu'un amant discret
Offre à coups de pistolet.

ENSEMBLE.

TOBY.

Prenez ce bouquet, etc., etc.

VERTUCHOUX.

Quoi! c'est un bouquet,
Un bouquet
Coquet
Dont il profite en secret.
Quoi! c'est un bouquet,
Un bouquet coquet
Qui sort de mon pistolet.

FLORINE.

Le joli bouquet,
Le bouquet
Coquet
Que l'amour m'offre en secret!
Quoi! c'est un bouquet,
Qu'un amant discret
M'offre à coups de pistolet.

La musique continue à l'orchestre. Vertuchoux va pour s'arracher les cheveux et, n'ayant plus de perruque, il s'écrie :)

VERTUCHOUX.

Et ne pouvoir rien!... pas même m'arracher les cheveux

TOBY, *qui est rentré dans le tertre avec Florine.*

Et maintenant, tu peux descendre! (*Le tertre s'abaisse emportant Toby et Florine.*)

VERTUCHOUX.

O bonheur!... je fonds!... je m'enfonce!... (*Arrivé à terre.*) Je suis enfoncé!... je puis... Eh bien! où sont-ils donc?... (*Criant.*) Holà! à moi!... l'Éveillé!... l'Engourdi!... (*Des domestiques accourent de la droite.*) Suivez-moi!... (*Tous sortent en courant par la gauche.*)

(Le théâtre change et représente une salle du château, un canapé au fond, au milieu.)

SCÈNE XV

JEAN LEBLANC, *en valet de chambre*; RISETTE, *en élégante soubrette. Ils entrent par la gauche.*

RISETTE.

Mais arrive donc que je t'admire... Mais que t'es beau, que t'es donc beau!

JEAN LEBLANC, *d'un petit air fat.*

Je dois être à la dernière mode... on n'a pas ménagé l'étoffe... je balotte dans mon costume... et puis, je suis couvert d'argent... Si l'on n'était point beau z'après cela... quand donc que le serait-on?

RISETTE.

Est-ce que, par hasard, tu regretterais ton bât?...

JEAN LEBLANC.

Mon bât?... je n'peux point le r'gretter, puisqu'au lieu d'un bât, on m'en a donné z'une paire, en soie, et que ça me chatouille les mollets.

RISETTE.

Et moi, comment que tu me trouves, dis?

JEAN LEBLANC.

AIR: *Ah! que je suis donc chagrinée!* (*Soldat laboureur.*)

J' trouv' que vos p'tits souliers sont beaux;
Mais j' vous aimions mieux en sabots.

RISETTE.

Moi, je trouve mes pieds plus beaux
Dans ces souliers, qu' dans des sabots.
Et c'te taille?...

JEAN LEBLANC.

Ell' me plait,
Mais ce qui me déplaît,
Mam'zell', c'est vot' corset,
Et j'vous le dis tout-bas,
J'vous trouvions plus d'appas,
Quand vous n'en aviez pas.

RISETTE.

Quoi! préférer à ce costume-là
Mon costume de paysanne!

JEAN LEBLANC.

C'est raisonner peut-être comme un âne;
Mais c't ân'-là
Vous aimait comm' ça.

DEUXIÈME COUPLET.

RISETTE.

Mais j' n'avions pas ces affiquets,
Ces bagu's, ce collier, ces brac'lets...

JEAN LEBLANC.

Aviez-vous besoin d' ces bijoux
Pour m'apporter des feuill's de choux?
Ces feuilles que j'aimais,
Dans vot' main j' les mangeais,
Mais depuis qu' ces bracelets
Brillent à votre main,
Je n'os'rais plus, c'est certain,
Vous manger dans la main.

RISETTE.

Quoi préférer à ce costume-là
Mon costume, etc., etc.

VERTUCHOUX, *en dehors.*

Corne de biche!... ventre de bœuf!...

RISETTE.

Not' maître... silence!

SCÈNE XVI

LES MÊMES, VERTUCHOUX.

VERTUCHOUX, *entrant par la gauche.*

Sambleu! morbleu! ventrebleu! palsembleu!... disparue! évaporée!... et je reste seul en face de ma colère!... je ne puis me venger sur personne!... (*Se trouvant devant Jean Leblanc.*) Si... sur toi!...

JEAN LEBLANC.

Est-il possible?...

VERTUCHOUX.

Je te chasse!

JEAN LEBLANC.

Déjà?

RISETTE.

Ah! par exemple!

VERTUCHOUX.

Je te chasse aussi!

RISETTE, allant à lui.

Ah! monseigneur!... vous nous donnerez bien au moins huit jours?

VERTUCHOUX, qui, aux premiers mots de Risette, a été ébloui de sa beauté.

Tiens... tiens... tiens... tiens... tiens!... Tu demandes huit jours, toi? (Il la lorgne.)

RISETTE.

Si ça n' vous va point, dites-le...

JEAN LEBLANC, qui remarque avec inquiétude la convoitise du marquis.

Allons, ça ne l'y va point... allons-nous-en.

VERTUCHOUX.

Un instant, restez. (A part.) Après tout, je suis bien bête de me donner tant de peine pour épouser une petite niaise qui se laisse enlever, quand je suis entouré de superbes villageoises, dont on pourrait se composer un harem...

JEAN LEBLANC, à part.

Comme il la regarde!... comme il la reluque!

VERTUCHOUX, à Risette.

Approche ici, grosse petite...

RISETTE, minaudant.

C'est à moi que m'sieur l' marquis...

JEAN LEBLANC, se mettant entre elle et le marquis.

Que faut-il vous servir?... ordonnez, commandez... (Il se retourne vers Risette pour la faire reculer. Le Marquis lui allonge un coup de pied au derrière.) Aïe... touché!

VERTUCHOUX, à Jean Leblanc.

Houst!... (Jean Leblanc se retire au fond. A Risette.) Sais-tu bien que tu es gentille, toi, depuis que tu t'es débarbouillée...

RISETTE.

Mais j'ai jamais été barbouillée, monseigneur.

VERTUCHOUX.

Je le veux bien; mais ce corsage de satin, ce petit bonnet mutin, cette jupe écourtée, tout ce costume, enfin, qui te va à ravir, t'a transformée... et tu es maintenant gentille à croquer!...

JEAN LEBLANC, maîtrisant son inquiétude.

Si monsieur le marquis veut grignotter quelque chose, mais qu'il le dise donc... je suis t'ici pour le servir...

VERTUCHOUX, le faisant pirouetter.

Veux-tu te taire, toi, imbécile, manant, âne!... Sors d'ici... houst!

JEAN LEBLANC, à part.

Il me chasse et il la pourchasse!... Ah! mais!... ah! mais!

RISETTE.

Si vous nous chassez, nous allons partir.

VERTUCHOUX, la conduisant sur le canapé.

Pas toi... pas toi... tu resteras, au contraire; je doublerai, triplerai, centuplerai tes gages, je t'achèterai de riches toilettes...

RISETTE.

Mais, monseigneur...

JEAN LEBLANC, à part.

Oh! il va se passer des choses... vilaines!... (Il tire la queue de sa poche.)

VERTUCHOUX, assis sur le canapé où il a entraîné Risette.

Je te trouve adorable, entends-tu?... Cela doit te flatter beaucoup, pas vrai, qu'un seigneur de mon goût ait pu te remarquer?... tu dois être ravie, fière d'un si grand honneur... Je te plais aussi, n'est-il pas vrai?...

RISETTE.

Peuh!...

VERTUCHOUX.

Regarde-moi, et tu me trouveras joli... Voyons?

RISETTE.

Eh bien, j'ai beau vous regarder...

VERTUCHOUX.

Ah! friponne, tu n'oses me dire que tu es folle de moi... Allons, je veux bien déposer un baiser sur ton cou; penche la tête un peu... que je fasse ton bonheur...

JEAN LEBLANC, lui appliquant un coup de la queue sur le dos.

Jamais!... (Tout aussitôt la moitié du canapé fait la bascule, Vertuchoux disparaît, et Risette se trouve seule sur le canapé, qui a repris sa forme première.)

SCÈNE XVII

JEAN LEBLANC, RISETTE.

RISETTE, au comble de l'étonnement.

Ah!...

JEAN LEBLANC, de même.

Ah!...

RISETTE, sur un autre ton.

Ah!...

JEAN LEBLANC.

Oùsqu'il est donc?

RISETTE.

Par où qu'il a passé?

JEAN LEBLANC.

J'en sais fichtre rien!

RISETTE.

Mais que lui as-tu fait?

JEAN LEBLANC.

Je lui ai donné un coup de ceci.

RISETTE.

Mais, alors, c'est cela...

JEAN LEBLANC.

C'est cela qui est cause de ceci?

RISETTE, reculant.

C'est donc une sorcellerie que t'as là?

JEAN LEBLANC.

Dam! faut le croire...

RISETTE.

Oui, mais pour croire, faudrait essayer.

JEAN LEBLANC.

T'as raison, j' vas faire une épreuve.

RISETTE.

Voyons, cherche quéque chose...

JEAN LEBLANC.

J'ai trouvé.

RISETTE.

Voyons?

JEAN LEBLANC.

Ce costume, qui te rend si *séducteuse*, et qui me rend jaloux comme un serpent à sonnettes...

RISETTE.

Mon costume?... hé! pas de bêtise!...

JEAN LEBLANC, se donnant un air inspiré.

Je voudrais qu'il s'en fusse au diable!

RISETTE, paraissant tout à coup en robe de dessous.

Ah ciel!

JEAN LEBLANC.

Ah! ça y est!..

ENSEMBLE.

Air de l'Image.

O ciel! quelle surprise!
L'horrible } talisman!
L'aimable }
Qui me met } en chemise
Qui la met }
A son } commandement.
A mon }
Ah! ah! ah! ah!
{ Ah! ne restons pas là.
{ Quel talisman j'ai là.
(*Risette se sauve à gauche.*)

JEAN LEBLANC, avec extase.

Mais, *alorsse*, avec cette machine-là, mais je peux me désirer tout ce que je désire... que je peux même me donner tout ce qu'on ne donne pas!

VERTUCHOUX, du dehors.

Par ici, par ici, mes valets!

JEAN LEBLANC.

Le seigneur-je... ah! bien! à nous *deusse!* à nous *deusse* mon bonhomme!

SCÈNE XVIII

JEAN LEBLANC, VERTUCHOUX, suivi de VALETS armés de bâtons. — Ils entrent par la droite.

VERTUCHOUX, *aux Valets montrant Jean Leblanc*

Air de J. Nargeot.

Jetez-vous sur cet homme!
Secondez ma juste fureur;
Devant moi qu'on l'assomme!
Je suis votre seigneur!

LES VALETS.

Jetons-nous sur cet homme!
Secondons sa juste fureur;

Vite il faut qu'on l'assomme...
C'est l'ordre du seigneur!

VERTUCHOUX.

Frappez d'une main vigoureuse...
Eh bien! marauds, avez-vous peur?

JEAN LEBLANC, *à part.*

Ah! quelle idée ingénieuse!
J' veux à sa place être seigneur,
Et j' veux qu'il soit mon serviteur!

(Aussitôt Vertuchoux se trouve avoir le costume de Jean Leblanc, et Jean Leblanc le costume de Vertuchoux.)

JEAN LEBLANC, *aux Valets.*

Jetez-vous sur cette homme!
Secondez ma juste fureur;
Devant moi qu'on l'assomme!
Je suis votre seigneur!

LES VALETS.

Jetons-nous sur cet homme, etc.

(Les Valets se mettent à bâtonner Vertuchoux, qui se sauve par la gauche en criant, poursuivi par les Valets. Jean Leblanc sort à leur suite en se donnant des airs de marquis. Le théâtre change et représente un site agreste.)

SCÈNE XIX

TOBY, FLORINE, arrivant par la gauche.

ENSEMBLE.

Air de J. Nargeot.

TOBY.

Laisse-toi conduire,
Conduire au bonheur!
Quel effroi t'inspire
Ton adorateur!
Vertueuse et sage,
Au bras de Toby,
Tu peux, sans courage,
Rester près de lui!

FLORINE.

Pourquoi me conduire
Dans ce lieu d'horreur?
L'effroi qu'il m'inspire
A glacé mon cœur!
Dans un lieu sauvage
M'entraîner ainsi!
Qu'il faut de courage
Pour se plaire ici!

FLORINE.

Mon trouble est extrême
En ce noir séjour!

TOBY.

Florine, je t'aime!
Je t'aime d'amour!

FLORINE.

D'amour?

TOBY.

D'amour.

FLORINE.

Quoi! pour me faire la cour,
Choisir cet affreux séjour!

TOBY.

Au désert l'amour
S' plaît mieux qu'à la cour!...

ENSEMBLE.

TOBY.

Laisse-toi conduire, etc.

FLORINE.

Pourquoi me conduire, etc.

FLORINE.

Mon petit Toby, j'ai bien voulu croire à tous les serments que vous m'avez faits; ainsi c'est malgré vous que ces jeunes filles vous ont embrassé; c'est malgré vous qu'elles vous ont retenu si longtemps?... Oh! mon Dieu, je ne suis pas difficile à persuader, moi; mais est-ce une raison pour m'enlever à mon père, à ma mère, et pour me conduire dans un pays désert, si affreux!

TOBY.

Ah! Florine, vous regrettez le château du marquis de Vertuchoux!...

FLORINE.

Oh! non; ni le château ni le maître; mais d'un château à ce pays sauvage...

TOBY.

Eh bien, voyons, Florine, dites-moi ce que vous désirez... quel est le bonheur que vous rêvez... comment vous vous êtes représenté l'endroit où vous voudriez passer vos jours.

FLORINE.

L'endroit que je voudrais habiter? le bonheur que je rêve? Oh! mon bonheur à moi ne tiendrait pas beaucoup de place...

AIR : *Nous nous marierons Dimanche.*

Sur un gai côteau,
En fait de château,
J'voudrais une maisonnette,
Qu'ell' fût, avant tout,
Simple et de bon goût,
Mais gracieuse et coquette
Des volets verts,
Ayant des airs
De fête.
Des fleurs sur mon
Joli balcon,
J'm'arrête...
Voilà c'que je voudrais
Ce que j'aimerais...

TOBY, *mangeant une pilule.*

Va donc pour la maisonnette!

(On voit paraître sur le coteau du fond et au milieu du théâtre, une maison semblable à celle qui vient d'être décrite.)

TOBY.

Air du Curé de Pomponne :

Mais tu pourrais avec raison
Désirer d'plus bell's choses.

FLORINE.

Eh! bien, j'voudrais d'vant la maison
Un jardin rempli d'roses.
Je voudrais en toute saison
Des fleurs de toute espèce;
Car rien de si divin
Qu'un jardin...

TOBY, *mangeant une pilule.*

Que le jardin paraisse!

(Ici le jardin demandé vient se placer devant la maison.)

FLORINE, apercevant tous les changements qui se sont opérés.

Ciel!

Air des Jolis Soldats.

Ah! qu'c'est joli! qu'c'est joli!
Qu'c'est joli!
Quelle merveille
Sans pareille!
Ah! qu'c'est joli! qu'c'est joli!
Qu'c'est joli!
Voilà donc mon rêve accompli.

TOBY.

Mais, pensez-y, mademoiselle,
Pour habiter cette maison,
Il vous faudrait un petit compagnon...

FLORINE.

Sans doute; un compagnon fidèle,
Saurait m'aider à dissiper l'ennui,
Qui pourrait m'atteindre sans lui.

TOBY.

Je pense qu'il faudrait encore
Que c'compagnon fût un mari,
Un petit mari qu'on adore...

FLORINE.

Où le trouver?

TOBY, *se montrant.*

Le voici!...

FLORINE, *le regardant.*

Ah! qu'c'est joli! qu'c'est joli!
Qu'c'est joli!
Quelle merveille
Sans pareille

ENSEMBLE.

Ah! qu'c'est joli! qu'c'est joli! etc.

TOBY.

Allons-nous être heureux!... Mais j'y pense, il nous faudra de bons domestiques pour nous servir.

FLORINE.

Ah! si ma pauvre Risette était près de nous!

TOBY.

Risette?... Ah! oui, Risette qui se promenait toujours avec son âne... Ils peuvent nous être très-utiles l'un et l'autre... Je vais vous les rendre... (Il avale une pilule.)

SCÈNE XX

LES MÊMES, JEAN LEBLANC et RISETTE, sous des costumes ridicules de roi et de reine, ayant des couronnes sur la tête. Jean Leblanc conduit majestueusement Risette par la main. Ils entrent par la gauche.

RISETTE.

Où me conduisez-vous, cher prince?

JEAN LEBLANC.

Laissez-moi vous conduire n'importe là où... ô ma reine car je veux vous diriger vers mon nouveau royaume, que je vas me souhaiter tout à l'heure.

FLORINE.

Que vois-je!

JEAN LEBLANC.

Ah ça! où sommes-nous donc z-ici?

RISETTE.

Mam'zelle Florine? le petit Toby?

FLORINE.

C'est bien toi, sous ce brillant costume?

JEAN LEBLANC.

Oui, petites gens, c'est bien nous sous ce brillant costume... Je nous sommes souhaité d'être le roi et la reine de l'île des Perroquets... et je n'ai qu'un geste à faire pour nous trouver au sein de notre capitale...

RISETTE.

Vous ne savez donc pas?... il a un talisman.

TOBY.

Vous aussi?

JEAN LEBLANC.

Moi-z-aussi!... mon Dieu, oui...

FLORINE.

Ah çà! mais tout le monde devient donc sorcier! Tiens, Risette, regarde ce que m'a donné Toby... cette jolie maison, ce joli jardin...

RISETTE.

C'est gentil... mais c'est bien bicoque...

TOBY.

Bicoque!

JEAN LEBLANC.

Mais c'est une vraie niche à lapins qu'il vous a donnée là!

FLORINE.

Une niche à lapins?...

JEAN LEBLANC.

Et c'est à ça que se borne votre *ambitionnement?* Ah! mais ça fait *suère*... vrai... ça fait *suère*.

TOBY.

Florine ne désire pas davantage... j'aurais pu lui donner des palais, des châteaux, car moi aussi je possède un talisman.

JEAN LEBLANC.

Là où?

TOBY.

Ces pilules... Et le vôtre?

JEAN LEBLANC, montrant la queue.

Cet objet.

RISETTE.

Et quand nous vous avons rencontrés, Jean Leblanc allait me souhaiter un palais dans son île des Perroquets, et m'y donner une fête brillante.

TOBY et FLORINE.

Une fête?

JEAN LEBLANC.

A preuve que je vous y convoitise.

FLORINE.

Et où est-il votre palais?

JEAN LEBLANC, montrant la queue.

Dans ma main.

FLORINE et TOBY.

Dans votre main?

JEAN LEBLANC.

Vous allez voir comme c'est simple et facile!...

AIR : *Viens, gentille dame.*

Viens, palais magique, (*bis*)
Sois grand, sois magnifique!
Parais à nos yeux!
C'est en vain qu'on m'objecte,
Qu'il faut un architecte,
Parais je le veux!
Je le veux! (*bis*)
(*Parlant et soutenant la note.*)

Vous allez voir comme ça va être curieux.

RISETTE, de même.

Surtout je te recommande qu'il y ait une belle cuisine et une grande salle à manger...

FLORINE, de même.

Avec une chambre d'ami et un joli boudoir.

JEAN LEBLANC, de même.

Soyez tranquilles, on y trouvera toutes les commodités de a vie....

TOBY, de même.

Mais, sapristi! finis-en donc! tu nous fais bouillir!...

JEAN LEBLANC, de même.

Soutenez ma faible voix, et ça va venir.

REPRISE ENSEMBLE

Viens palais magique (*bis*) etc., etc.

(*A la fin du morceau, J. Leblanc élève la queue du diable. — Le théâtre change et représente un palais dans l'île des Perroquets disposé pour une fête.*)

SCÈNE XXI

TOBY, FLORINE, JEAN LEBLANC, RISETTE, DEUX PAGES; puis LES GRANDS CACATOES, LES DAMES PERRUCHIENNES, LES GARDES; puis LES GRANDS VIOLONS DU ROI.

TOUS, après le changement.

Ah! que c'est beau!

RISETTE.

C'est magnifique!

JEAN LEBLANC, montrant la queue.

Et pas cher! (Deux pages entrent par la gauche.)

UN PAGE, à Jean Leblanc.

Sire, les Grands Cacatoës du royaume et les dames Perruchiennes de la cour sont impatients de voler à vos pieds.... Puis-je les introduire?

JEAN LEBLANC.

Je ne m'y oppose pas.... mais, avant tout, qu'on nous serve un festin.... le plus Balthazar que vous pourrez.

LE PAGE.

Sa Majesté désire-t-elle des gâteaux de colifichets, des crèmes de chenevis?

JEAN LEBLANC.

Je mangerai un peu de tout.... Ah!.... je veux aussi des concerts, des danses.... et tout le bataclan!.... Allez!.... (Le page remonte et fait un signe. Entrent les Grands Cacatoës et les dames Perruchiennes précédées de gardes qui se rangent au fond. On apporte à droit une table servie, à laquelle s'installent Jean Leblanc, Risette, Toby et Florine.

CHOEUR.

Air de J. Nargeot.

Pour fêter notre roi,
Pour fêter notre reine,
Le devoir nous amène:
Leur plaire est notre loi.

BALLET.

(*Musique de M. Camille Schubert.*)

LE PAGE, après la danse.

Sire, les grands violons du roi! (Entrent par la gauche les grand violons du roi, représentés par de petits enfants, qui exécutent un concert

JEAN LEBLANC, se levant après le concert.

Qu'on les bourre de sucre d'orge!

SCÈNE XXII

LES MÊMES, VERTUCHOUX et CANICHON, vêtus en cuisiniers. Ils arrivent par la gauche.

VERTUCHOUX, portant une tête de veau sur un plat. Bas à Canichon.

Suivez-moi, Canichon.

CANICHON, bas. Il porte une hure de sanglier.

Je vous suis, Vertuchoux.

VERTUCHOUX, bas.

Profitons de cet ingénieux déguisement pour épier la conduite de ces drôles.

CANICHON, bas.

Épions, monseigneur, épions.

JEAN LEBLANC, les voyant.

Que vois-je!.... deux gâte-sauces qui nous apportent de la tête de veau au dessert!

TOBY, se levant.

Mais je ne me trompe pas.... Vertuchoux!.... Canichon!

FLORINE, de même.

Mon père!

RISETTE, de même.

Mon ex-bourgeois.

VERTUCHOUX.

Eh bien!.... oui!.... c'est nous!.... Tremblez, marouflest!.

JEAN LEBLANC, tirant la queue de sa poche.

Tremblez vous-mêmes!... car vous êtes entrés chez m[oi] sans passe-port, et j'ordonne à ma queue de bousculer v[os] quâtre têtes!... (Ici les têtes de Vertuchoux et de Canichon descendent s[ur] les deux plats et sont remplacées sur leurs épaules par la tête de veau et l[a] hure. Stupéfaction générale. Florine court à son père.)

TOUS.

Ah!....

CHOEUR.

Air de J. Nargeot.

Singulière aventure!
Ce prodige est nouveau.
Voyez donc cette hure,
Cette tête de veau!

ACTE TROISIÈME

Une grotte sombre à travers laquelle on aperçoit le château de l'île des Perroquets éclairé par la lune; les bords du parc sont ornés de statues; entre la grotte et le château sont encore deux groupes de statues.

—

SCÈNE PREMIÈRE

PHOSPHORIEL, puis JEAN LEBLANC et RISETTE.

PHOSPHORIEL, entrant par la gauche.

Eh quoi! je suis le premier au rendez-vous?... Mais non, j'entends marcher. (Remontant et regardant à droite.) Deux mortels... quel ennui! mes frères vont arriver... Débarrassons-nous vite de ces deux importuns. (Il sort par le premier plan à droite; Jean Leblanc et Risette arrivent par le fond à droite. Jean Leblanc et Risette sont encore dans leurs riches habits de la fin du deuxième acte.)

RISETTE.

Ah çà, Jean Leblanc, oùsque tu me conduis donc?...

JEAN LEBLANC.

Ce logement solitaire n'est-il pas propice aux amours?...

RISETTE, avec emphase.

Ah! sire... choisir cet endroit sauvage...

JEAN LEBLANC, sur le même ton.

Que n'importe que l'endroit soye sauvage, pourvu que vous ne le fussiez point, ô ma reine!...

RISETTE, s'éloignant de lui.

Jean Leblanc, pas de bêtises, hein!...

JEAN LEBLANC.

Est-ce que je te vous fais frayeur?

RISETTE.

Oui et non.

JEAN LEBLANC.

Ne suis-je plus ton petit Blanc-Blanc?...

RISETTE.

C'est que tu peux tout, toi, avec ton talisman!...

JEAN LEBLANC.

Mon talisman!... je ne l'ai point sur moi. Il est avec les diamants de la couronne.

RISETTE.

Bien vrai?

JEAN LEBLANC.

Mais-z-oui, mais-z-oui... et que tu n'as rien à redouter dans cette *gronne.*

RISETTE.

Comment que tu dis ça?

JEAN LEBLANC.

Je t'affirme qu'u t'as rien à redouter dans cette *gronne*...

RISETTE.

Je croyais qu'on disait grotte...

JEAN LEBLANC.

C'est bien possible...

RISETTE, riant.

C'est encore un petit restant d'âne... C'est égal, j'aimerais mieux me promener aut' part...

JEAN LEBLANC, avec passion.

Pourquoi z-aut' part? l'ombre du mystère convient à ceux qui palpitent... Ne palpitons-nous pas, Risette? C'est si bon d'être seuls à *deusse* un moment sur le globe!

RISETTE.

Seuls? c'est tout au plus... il y a là-bas une foule d'estatues...

JEAN LEBLANC.

Eh mon Dieu! ces estatues, enfant, ce sont des filles de marbre, voilà tout.

AIR :

Ah! puisque dans cette grotte
Nous n'somm's que nous deux,
Passe ta jolie menotte
Dans mes blonds cheveux.
C'est en vain qu'tu t'habitues
A r'pousser mes feux.
Des faveurs que j'n'ai point eues
Je suis envieux.

RISETTE.

Parlez bas : (*Bis.*)
Prenons garde à ces statues.

JEAN LEBLANC.

Bah! (*ter*) les statu's n'entend'nt pas.

DEUXIÈME COUPLET.

D'ailleurs un baiser plein d'flammes
Peut s'donner tout bas.

RISETTE.

Nous embrasser d'vant ces dames,
Vous n'y pensez pas!

JEAN LEBLANC.

Va, d'un baiser ces statues
Ne sauraient s'vexer,
Elles sont trop peu vêtues,
Pour s'en offenser.

RISETTE.

Je n'veux pas (*bis*)
Effaroucher des statues...

JEAN LEBLANC.

Bah! (*ter*) les statues n'y voi'nt pas.

RISETTE.

Elles n'entendent pas... elles ne voient pas... c'est possible... mais elles me font peur... Allons-nous-en!... (Fausse sortie.)

JEAN LEBLANC, la retenant.

Mais c'est de la démence... mais regarde-les donc... elles ne bougent non plus que des souches... (A ce moment on voit les statues changer lentement de position.) Même que ça doit les gêner foncièrement, de rester comme ça dans la même position pendant des foules d'années... que... Mais non... mais si...

RISETTE.

Qu'est-ce que t'as?

JEAN LEBLANC.

C'est-y l'effet du vin empaillé que j'avons bu... ou bien c'est-y vrai?... y m' semble...

RISETTE, avec effroi.

Mais oui... ça remue... ça remue!...

JEAN LEBLANC.

Ces *deusse*-là... elles étaient accroupies... et v'là qu'à c't' heure elles sont droites comme des échalas...

RISETTE.

Et cette autre qu'avait l'air de se gratter le creux de l'estomac... la v'là maintenant qui nous montre du doigt... Ah! j'sens mes jambes qui s'en vont!...

JEAN LEBLANC.

Si nous faisions comme tes jambes... Bah!... oui... allons-nous-en aussi. (Ils veulent sortir de la grotte; les statues qui sont descendues de leurs piédestaux, et d'autres statues qui arrivent de tous les côtés, marchant d'un pas grave, les enveloppent bientôt. Risette est entourée par des hommes, Jean Leblanc par des femmes.)

RISETTE.

Jean Leblanc, défends-moi, v'là deux hommes qui me cernent... je suis cernée!

JEAN LEBLANC, aux statues qui l'enlacent.

Voyons, mesdames, voyons... que voulez-vous de moi?... Tout cela a un but, finalement... on n'enlace pas les gens, comme ça, sans motifs... Je n'en peux plus bouger et vous m'en lassez!

RISETTE, criant.

Jean Leblanc, y me tiennent!...

JAEN LEBLANC.

As pas peur!... c'est des hommes qu'a des cœurs de pierre, ne crains rien!...

RISETTE, aux statues.

Mais c'est l'heure d'aller vous coucher!... allez donc vous coucher!...

JEAN LEBLANC, aux statues.

Voyons mesdames, vous n'êtes point-z-ici à votre place?... vous ne faites point votre métier d'*estatues* ici... que diable! On vous paye pour rester sur vos *piédestals*... restez-y... Allons... vous me chatouillez, à présent... Ah mais... si vous continuez... j'vas vous casser... ah mais!

RISETTE.

Au secours! au secours! (Trilby est arrivé au fond; il fait un signe, les statues écartent les bras, laissent libres Risette et Jean Leblanc et sortent lentement, les femmes à gauche, les hommes à droite.)

JEAN LEBLANC.

Attends que je me venge sur le pompier... celui-là qui a un casque... Attends, attends, grand serin! (Il indique un guerrier; il s'approche derrière lui avec précaution; il lui allonge un coup de pied et se fait mal.) Ouf!... aïe!... il l'a trop dur!

RISETTE.

Sauvons-nous vite!... (Ils se sauvent par le fond gauche; les statues se dispersent et disparaissent.)

SCÈNE II

TRILBY, PHOSPHORIEL, AZOLIN, ETHER, GÉNIES.

(Ils entrent par le fond à droite.)

TOUS LES GÉNIES, riant.

Ah! ah! ah! ah! ah!

TRILBY.

Le bon tour!

PHOSPHORIEL.

Ont-ils eu peur!

AZOLIN.

Oser nous déranger...

ÉTHER.

Pénétrer chez nous... Mais nous en voilà débarrassés...

TRILBY.

Maintenant, expliquons-nous.

PHOSPHORIEL.

Oui, expliquons-nous, car il y a parmi nous des bavards, des indiscrets, et enfin, disons le mot, des faux frères!

TRILBY.

Est-ce ma faute, si Toby a deviné le pouvoir de son talisman?

ÉTHER.

Est-ce la mienne, si ce rustre de Jean-Leblanc, le plus imbécile de tous, a été aussi bien inspiré que Toby?

AZOLIN.

Ce n'est pas votre faute, soit; mais il n'est pas moins vrai que, depuis hier, grâce aux pilules du diable et à la queue du diable, des prodiges s'accomplissent; et que, moi, le génie du pied de mouton, j'obéis à un idiot qui ne me fait commettre que des sottises!...

ÉTHER.

On a fait une omelette de tous mes œufs d'or.

PHOSPHORIEL.

Et il en est de même pour tous les autres talismans : la poudre de perlinpinpin est éventée; les bottes de sept lieues ne marchent plus; le rameau d'or est perdu, et le mirliton enchanté......... n'enchante plus personne. Ça ne peut plus durer comme ça.

AZOLIN.

Ma foi, si vous m'en croyez, mes frères, nous informerons tous ces mortels de la vertu de leurs talismans : les hommes sont de grands enfants; quand on leur donne un jouet, ils s'en amusent tant et tant, qu'ils finissent toujours par le briser; et le plus sûr moyen d'être débarrassés de l'ennui de leur obéir, c'est de leur donner le pouvoir de nous commander.

ÉTHER.

Je partage l'avis d'Azolin.

PHOPHORIEL.

C'est cela : informons-les tous de la vertu des talismans qu'ils possèdent.

ÉTHER.

Excepté moi; grâce au ciel, la petite Florine, qui possédait mon rameau d'or, l'a lancé par la fenêtre de sa chambre; un zéphir protecteur l'a poussé dans la rivière, et je ne serai pas assez fou pour le lui rendre.

PHOSPHORIEL, à part.

J'irai le repêcher, moi.

TRILBY.

Ainsi donc, ce sera la guerre aux talismans?

TOUS.

Oui, la guerre!

AIR : *Chaleur féconde.* (Montaubry.)

PHOSPHORIEL.

Puisqu'on rabaisse
Puis qu'on délaisse
Nos talismans
Encore si puissants,
Plus de mystères,
A tous, mes frères,
Faisons savoir
Jusqu'où va leur pouvoir.

AZOLIN.

C'est nous soumettre
A plus d'un maître
Qui, pouvant tout,
Demandera beaucoup.
Mais leurs folies,
Leurs perfidies
Seront pour nous
Des passe-temps bien doux.

TRILBY.

Ah! prenez garde,
Ça vous regarde
De leurs souhaits
Vous serez les valets.
Pendant la guerre
Qu'on va se faire,
A leur désir
Vous devrez obéir.

ÉTHER.

Plus il demande,
Plus il commande,
Plus l'homme veut
Obtenir ce qu'il peut..
Dans son délire,
Plus il désire,
Et plus ses vœux
Le rendent malheureux!

PHOSPHORIEL.

Bah! qu'il s'arrange,
Et que tout change,
Maisons, chalets,
Chaumières et palais!
Que sur le monde
La foudre gronde...
Nos talismans
Ont dormi trop longtemps!

TOUS.

Vive la guerre
Que vont se faire
Ces envieux
Et ces ambitieux!
Qu'ils se chagrinent!
Qu'ils s'exterminent!
Nous serons là,
Pour chauffer tout cela.

(*Ils sortent.*)

Le théâtre change et représente une grande serre vitrée remplie de fleurs. — A droite, un grand oranger en caisse.

SCÈNE III

VERTUCHOUX, puis AZOLIN.

VERTUCHOUX, entrant par la gauche.

Qu'on le cherche partout et qu'on le trouve!... Le drôle!... le maroufle!... le pendard!... me coiffer d'une tête de veau!... Sans ce petit va-nu-pied de Toby, qui s'est permis d'avoir pitié de nous, j'aurais encore du persil dans les narines!... Et dire que je suis exposé à de pareilles avanies!...

AZOLIN, sortant de terre, couché sur un banc de gazon.

C'est ta faute!

VERTUCHOUX.

Qui se permet de me tutoyer?

AZOLIN.

Moi!... ton génie!...

VERTUCHOUX.

Un génie!

AZOLIN, venant à lui.

Ton génie familier!

VERTUCHOUX.

Familier!... ah! oui, puisqu'il me tutoie.

AZOLIN.

Et je viens te dire que tu n'es qu'un imbécile...

VERTUCHOUX.

Ah! mais... trop de familiarité... là-bas.

AZOLIN.

Comment, nigaud...

VERTUCHOUX.

Encore!

AZOLIN, continuant.

Tu as un talisman dans tes mains, et tu le jettes à tes pieds!

VERTUCHOUX.

Dans mes mains... à mes pieds!...

AZOLIN.

Apprends donc que tous les objets achetés à la vente du vieux Faustus, et que vous avez tant méprisés, étaient des talismans puissants...

VERTUCHOUX.

Est-ce possible!

AZOLIN.

Que c'est aux pilules et à la queue du diable, dont ils se sont rendus acquéreurs, que Toby et Jean-Leblanc doivent les pouvoirs merveilleux qui te font encore leur victime, bien qu'ils ne possèdent que des talismans de second ordre, tandis que le pied de mouton est le premier et le plus puissant des talismans.

VERTUCHOUX.

Le premier, le plus puissant des talismans?

AZOLIN.

Un seul pouvait balancer son pouvoir... le rameau d'or.. mais le rameau d'or est perdu...

VERTUCHOUX.

Aurais-je aussi perdu mon pied?... où l'ai-je fourré?.. qu'en ai-je fait? Ah! bien! bon! je sais... je me rappelle, je le retrouverai!...

AZOLIN.

Bonne chance! et si tu le retrouves, compte sur moi! (Il disparaît à droite.)

VERTUCHOUX.

Merci, charmant jeune homme, merci. Eh bien! où est-il?. (Criant.) Canichon!... Canichon!...

SCÈNE IV

:RTUCHOUX, CANICHON, puis MADAME CANICHON, puis TURELURE.

CANICHON, entrant par la droite.

Eh bien! quoique c'est qu'y a?

VERTUCHOUX.

Mon pied?... Qu'est-ce que vous avez fait de mon pied?...

CANICHON.

De vot' pied?...

VERTUCHOUX.

De mouton... de celui que vous avez ramassé dans le :din?

CANICHON.

Ah! oui... (Il se fouille.) Ah! bien!...

VERTUCHOUX.

O bonheur! je le tiens... donnez...

CANICHON, qui se fouille toujours.

Qu'est-ce que j'en ai donc fait?

VERTUCHOUX, avec frayeur.

Hein!

CANICHON.

Ah! je l'ai donné à ma femme.

VERTUCHOUX.

A votre femme!... (Appelant.) Madame Canichon!... madame anichon!...

MADAME CANICHON, accourant par la gauche.

Qu'est-ce qui m'appelle?

VERTUCHOUX.

C'est moi. Votre mari vous a donné un pied de mouton, 'est-ce pas?

MADAME CANICHON.

Un pied de mouton que j'avais trouvé dans sa poche?

VERTUCHOUX.

Justement!...

MADAME CANICHON.

Eh bien, après?

VERTUCHOUX.

Qu'en avez-vous fait?

MADAME CANICHON, se fouillant.

Attendez... tiens, qu'est-ce que j'en ai donc fait?...

VERTUCHOUX, qui est sur des charbons.

Cherchez bien!...

MADAME CANICHON, une main dans sa poche.

Ah!

VERTUCHOUX.

Vous le tenez?...

MADAME CANICHON.

Non, je l'ai donné à Turelure, la cuisinière...

VERTUCHOUX.

A Turelure?... (Appelant.) Turelure!... Turelure!...

MADAME CANICHON, à son mari.

Est-ce qu'il devient fou?

CANICHON.

J'en ai peur.

VERTUCHOUX.

Turelure!...

TURELURE, en dehors.

Me v'là, m'sieu, me v'là... (Entrant par la droite.) Quoique c'est?

VERTUCHOUX.

Qu'as-tu fait du pied de mouton que madame Canichon t'a donné?...

TURELURE.

Le pied de mouton? je l'ai mis dans la marmite.

VERTUCHOUX.

Malheureuse!... elle a fait cuire mon talisman!...

TOUS.

Son talisman!

VERTUCHOUX.

Va le chercher tout de suite... retire-le du pot-au-feu... Turelure, ta fortune est faite s'il n'est pas cuit...

TURELURE.

Ma fortune!... oh! je m'en y vas tout de suite! (Elle sort en courant par la droite.)

VERTUCHOUX, lui criant à la cantonade.

Prends l'écumoire!

CANICHON.

Mais que signifie tout ça?

MADAME CANICHON.

Qu'est-ce que ça veut donc dire?

VERTUCHOUX.

Ah! mes amis, si vous saviez!

MONSIEUR ET MADAME CANICHON.

Quoi?

VERTUCHOUX.

Et pourquoi ne le sauriez-vous pas?

MONSIEUR ET MADAME CANICHON.

Oui, au fait!

VERTUCHOUX.

Vous aussi, peut-être, vous possédez un de ces trésors...

MONSIEUR ET MADAME CANICHON.

Des trésors!...

VERTUCHOUX.

Apprenez que tous les vieux bibelots vendus chez le sorcier étaient des talismans.

CANICHON.

Quoi!... ma paire de bottes?...

VERTUCHOUX.

Talisman!

MADAME CANICHON.

Mes œufs d'or?...

VERTUCHOUX.

Talisman!... Vous les avez?

CANICHON, avec désespoir.

Je n'ai plus rien!...

MADAME CANICHON, de même.

Ni moi non plus!...

VERTUCHOUX.

Comment ça?

CANICHON.

Furieux des tours qu'elle m'avait joués, j'ai vendu ma paire de bottes dix sous à un carreleur de souliers...

VERTUCHOUX.

Oh!

MADAME CANICHON.

Et en me faisant passer au travers d'une armoire où je les avais serrés, monsieur est cause que j'ai cassé tous mes œufs.

VERTUCHOUX.

Ah!... Mais j'entends Turelure... oui, c'est elle... (Turelure rentre avec le pied sur un plat.)

TURELURE.

V'là le pied de mouton!

VERTUCHOUX.

Ciel!... il est cuit!... Je suis ruiné!...

TOUS.

AIR : *Quel désespoir.*

Quel désespoir!
Quelle affreuse peine
Est la { sienne!
{ mienne!
Quel désespoir!
Quoi! ne plus avoir
De pouvoir!
(*La musique continue.*)

VERTUCHOUX.

N'importe... je veux essayer si dans cet état de cuisson... car, enfin, ce n'est peut-être pas une raison... (Il va pour prendre le pied de mouton.)

TURELURE.

Prenez garde, monsieur, il est chaud.

VERTUCHOUX.

Ça m'est égal... (Il le prend.) Aïe... sapristi... oui... il est bouillant... C'est égal... je le tiens... Voyons, quelle épreuve!... Si je changeais Canichon en caniche...

CANICHON.

Ah! mais non!...

VERTUCHOUX.

Ou la mère Canichon en pintade... ou Turelure en oie...

MADAME CANICHON ET TURELURE, criant.

Au secours! (Turelure se sauve par la droite.)

VERTUCHOUX.

Allons, calmez-vous... j'ai une autre idée... (Désignant l'oranger.) Je désire que ces oranges du Portugal deviennent aussitôt des pommes de Normandie. (L'oranger se change en pommier couvert de pommes.)

TOUS.

Des pommes!

VERTUCHOUX.

Oui, des pommes... Ciel!... elles sont cuites!

TOUS.

Cuites!

VERTUCHOUX.

Ah! malheureux! j'ai un talisman cuit!... qui ne peut me donner que des choses cuites!... Tout ce que je demanderai sera cuit!... Si je lui demande de me rendre ma future, il me la rendra cuite!...

TOUS.

Ah! horreur!

VERTUCHOUX.

Il ne pourra me servir qu'aux heures des repas!... C'est un talisman de cuisinière... pied de mouton poulette! Un talisman cuit qu'on ne voudra plus croire, et je voudrais tant qu'il fût crû... (Poussant un cri.) Ah!...

TOUS.

Qu'est-ce donc encore?

VERTUCHOUX.

Mon vœu vient de s'accomplir.

AIR *du Moujik*. (Adolphe Lindheim.)

Il a reparu
Avec sa couleur primitive!
Son pouvoir accru
Doit être cru puisqu'il est cru.
Ah! ah!
Le voilà!
C'est le bonheur qui m'arrive!
Ah! ah!
Le voilà!
Vive ce talisman-là!
Toby, Jean Leblanc
M'ont, un instant,
Livré bataille!
D'ici je prétends
Anéantir leurs talismans!

(Il agite son pied de mouton au-dessus de sa tête.)

(Parlé.) Je veux qu'ils redeviennent ce qu'ils étaient autrefois... Toby, le misérable berger, et Jean Leblanc, le garçon meunier de Canichon!... Frrrrout! frrrrout! ça doit être fait. Reprenant l'air.)

Ah! ah!
C'est bien ça!
D'eux maintenant je me raille.
Ah! ah!
C'est bien ça!
A moi ces talismans-là!

MONSIEUR ET MADAME CANICHON.

Ah! ah!
Voyez ça!
Je tressaille,
Je défaille.
Ah! ah!
Tout cela
Nous épouvante déjà!

CANICHON.

De c'te façon rien ne sera changé, et il ne vous reste plus qu'à faire revenir notre fille, que ce scélérat de Toby avait enlevée, et à recommencer la noce pour ce soir.

MADAME CANICHON.

Et à recommencer la noce pour ce soir!

VERTUCHOUX.

La noce!... quelle noce?

MADAME CANICHON.

Mais la vôtre, monseigneur, la vôtre avec not' fille Florine.

VERTUCHOUX.

Oh! que nenni!... oh! que j'ai maintenant des idées plus folichonnes que tout ça.

MONSIEUR ET MADAME CANICHON.

Plus folichonnes!...

VERTUCHOUX.

Prendre pour femme une villageoise, merci!

Même Air.

Maintenant croit-on
Que j'épouse une poule dinde?...
A cela croit-on
Que j'use mon pied de mouton?
Ah! ah!
C' n'est plus ça.
Je prétends aller dans l'Inde...
Ah! ah!
Je veux là
M'établir comme pacha!

TOUS.

Ah! ah!
C' n'est plus ça.
Il prétend } aller dans l'Inde...
Je prétends }
A! ah!
Il veut } là
Je veux }
M' } établir comme pacha!
S' }

(Le Marquis sort d'un air superbe par la gauche, et Canichon le suit avec sa femme, comme pour avoir une explication avec lui.)

Le théâtre change et représente une campagne. A gauche, au fond, un banc de gazon. Au fond, la rivière.

SCÈNE V

TOBY, seul.

(Toby est endormi sur le banc; il a repris ses habits de berger.)

(Rêvant.) Florine! Florine!... Eh bien! on nous sépare... laissez-moi... laissez-moi... (Il se débat, se réveille en sursaut et se lève.) Ah! quel bonheur, je dormais!.. (Il cherche autour de lui.) Mais où est-elle? et où suis-je moi-même?... Cette campagne et ces pauvres habits... Est-ce bien possible?... suis-je bien éveillé?... Ah! mes pilules! (Il se fouille.) Rien! (Avec désespoir.) Plus rien!...

AIR *de M. Alexandre Michel.*

J'ai perdu bonheur et richesse,
Car le sort qui m'a tout repris
M'a même enlevé la maîtresse
Dont j'étais tendrement épris.
Plus de trésors, plus de compagne!
L'écho seul répond à ma voix...
Et je reviens dans la montagne
Triste et pauvre comme autrefois.

JEAN LEBLANC, du dehors.

Ah mais! ah mais! ah mais! ah mais!

TOBY.

C'est la voix de Jean Leblanc.

SCÈNE VI

TOBY, JEAN LEBLANC, qui a repris ses habits de meunier. Il entre par la droite, portant un sac sur la tête et ayant la figure enfarinée.

JEAN LEBLANC.

C'est-y étonnant, non, mais c'est-y étonnant.... Ah! pour une bonne farce, voici une bonne farce! me retrouver ici, avec un sac sur la tête, moi, qu'était l'hier roi de l'île des Perroquets!... Non, mais c'est-y assez étonnant et assez bête!... Oh! la la!

TOBY.

Mon pauvre Jean Leblanc, toi aussi!

JEAN LEBLANC.

Tiens! le petit Toby... Bonjour, petit Toby.

TOBY.

Quelle dégringolade!

JEAN LEBLANC.

Quelle débine!... Sais-tu que tu es très-pané, petit Toby?

TOBY.

Eh ben! et toi?...

JEAN LEBLANC.

Moi, je me trouve affreusement dégradé!... Ce sac, qui remplace ma couronne... Sac à papier!... Et dire que j'ai beau fouiller dans mes poches, et que je ne retrouve point mon talisman.

TOBY.

Hélas! moi de même.

JEAN LEBLANC.

Toi z'aussi?... Nous sommes filoutés! on m'a fait la queue de la mienne... voilà la chose.

TOBY, avec désespoir.

Mais qui donc?... mais comment?... Quand hier nous étions cousus d'or, quand j'entendais les jaunets qui tintaient, qui sautaient dans mes poches!

JEAN LEBLANC.

Quand je n'avais que ça qu'à faire, frrrrout! frrrrout! avec la queue du diable pour être servi au doigt et à l'œil... l'œil, surtout!

TOBY.

Me revoilà réduit à faire paître les moutons comme autrefois.

JEAN LEBLANC.

Me revoilà presque retombé à l'état d'âne... Ah! il faut avouer que le destin est un fier savoyard!

SCÈNE VII

LES MÊMES, CANICHON.

CANICHON, entrant par la gauche.

Ah! malheureux père! ah! malheureux père! (Il pleure comiquement.)

TOBY.

C'est le patron!

JEAN LEBLANC.

Quoi qu'il a à gémir comme un veau?...

CANICHON, à Toby.

Ah! c'est toi, petit bandit!... (A Jean Leblanc.) Ah! te v'là grand gueusard!

JEAN LEBLANC.

Ça va bien?...

CANICHON.

C'est donc vous qui m'avez gratifié d'une hure!.... Hein? allonge un coup de pied au derrière de Jean Leblanc.)

JEAN LEBLANC.

Bourgeois, vous abusez!

CANICHON.

Ah! vous n'avez plus de pouvoir à present, mes drôles...

TOBY.

Hélas! non!...

CANICHON, à Jean Leblanc.

Aussi, n'ai-je plus peur de toi... Tiens! (Nouveau coup de pied derrière.)

JEAN LEBLANC.

Bourgeois, vous abusez de nouveau.

CANICHON.

Allons, quand vous resterez là comme deux cruches; vou-z-vous bien vous dépêcher de courir après ma fille!...

TOBY.

Comment?... Florine...

CANICHON.

Elle est enlevée!

TOBY.

Enlevée!

CANICHON.

Enlevée avec Risette!

JEAN LEBLANC.

Risette aussi!

CANICHON.

Par le marquis de Vertuchoux, qui s'en va s'établir pacha dans les Indes.

JEAN LEBLANC.

Malheur! malheur! (Il laisse tomber son sac sur la tête de Canichon qui s'en trouve coiffé.)

TOBY.

Ah! courons!... courons!...

JEAN LEBLANC.

Oui, un cheval, un mulet, une carriole!... Mon royaume pour une carriole!...

SCÈNE VIII

LES MÊMES, MADAME CANICHON, JEAN-PIERRE, PAYSANS. (Ils entrent par la droite.)

MADAME CANICHON.

Par ici, Jean-Pierre, par ici, et dépêche-toi de me tamboubouriner ce que tu sais bien. (Roulement de tambour.)

CANICHON.

Est-ce que tu fais tambouriner not' fille?

MADAME CANICHON.

Patience, on va vous le dire...

JEAN-PIERRE, annonçant.

« Il est fait z'à savoir aux indigènes du village, qu'il a » z'été perdu n'un rameau d'or, aux environs de la farme » à Canichon, le dit rameau z'a été jeté par la fenêtre de la » croisée, sur le bord de la rivière, à côté du champ de bet- » teraves au père Moulinet. Récompense honnête à les cousse » qui le rapportera t'à madame Canichon. Qu'on se le dise. » (Il fait encore un ran planplan, et s'éloigne suivi des Paysans par la gauche.)

CANICHON.

S'occuper d'un rameau au lieur de not' fille... Ah!

MADAME CANICHON.

Imbécile! c'est-y pas le seul moyen de pouvoir courir après?... puisque ce rameau est un talisman?... Elle m'a avoué que, dans un moment de dépit, elle l'avait jeté par la fenêtre...

CANICHON.

Et, au lieur de garder ce secret pour nous seuls, tu le fais tambouriner...

TOBY, à part, ayant tout entendu.

Que disent-ils?...

MADAME CANICHON, à son mari.

Mais pisque personne ne s'en doute...

CANICHON.

Vous êtes une dinde, voilà mon opinion sur vous; je vas chercher moi-même le rameau, et si je le retrouve...

MADAME CANICHON.

Eh bien?...

CANICHON.

Je vous change en grenouille!...

MADAME CANICHON.

Oui! eh ben! gare à vous, si c'est moi qui mets la main dessus la première! Ce n'est pas en sanglier que vous serez changé... je vous promets que vous dénicherez des truffes!...

CANICHON.

Au plus malin donc! (Il sort par la droite.)

MADAME CANICHON.

Oh! je ne vous quitte plus! (Elle le suit.)

SCÈNE IX

TOBY, JEAN LEBLANC, puis PHOSPHORIEL.

TOBY.

Jeté sur la route... mon rameau d'or!... (Il cherche des yeux.)

JEAN LEBLANC, cherchant aussi.

Si nous puisserions le retrouver!... qu'avec son pesant d'or, nous pourrerions peut-être les rattraper... au moment z'où l'on en veut faire des odalixes de pacha!

TOBY.

Écoute... Dès l'instant que madame Canichon, qui a de bons yeux, ne l'a pas encore retrouvé, c'est que le vent qui a soufflé ces jours derniers, et qui soufflait du côté de la rivière...

JEAN LEBLANC.

Je te saisis!... Le vent aura ben pu le pousser dans l'eau... mais, s'il est au fin fond du fond de l'*Ocean*?... c'est comme si qu'il serait au diable!

TOBY.

As-tu du courage?

JEAN LEBLANC.

Si j'ai du courage?... non...

TOBY.

Veux-tu retrouver Risette?

JEAN LEBLANC.

Pour ça, oui!

TOBY.

Eh bien! piquons une tête dans la rivière...

JEAN LEBLANC.

Je n' sais point nager...

TOBY.

Ni moi non plus, qu'importe!

JEAN LEBLANC.

Voyons, petit Toby, raisonnons un brin; si, en piquant not' tête, nous resterions au fin fond, ça n'aura rien de piquant.

TOBY,

AIR *de J. Nargeot.*

Eh bien, tout seul, je tenterai l'épreuve,
Ce rameau d'or, il me le faut, adieu!
Je ne puis former qu'un seul vœu,
Et si pour moi la mort est au fond de ce fleuve;
Adieu! adieu! adieu!

JEAN LEBLANC.

(Parlé.) Voyons, petit Toby... ne fais pas de bêtises!... (Toby s'est dirigé vers la rivière. — Une musique céleste se fait entendre tout à coup. — Il s'arrête sur le bord.)

TOBY.

Douce espérance!
Quelle puissance!
Vient au secours
De mes amours?

Des roseaux qui sont sur le bord de la rivière s'écartent et laissent voir Phosphoriel, tenant en main le rameau d'or.

PHOSPHORIEL, parlé.

Moi! (Il descend au milieu.)

TOBY.

Ciel!... un génie!

JEAN LEBLANC.

Et qui n'est pas mouillé, même sans parapluie!
(*Musique à l'orchestre.*)

PHOSPHORIEL, parlant.

Du rameau d'or je suis le bon génie,
Je ne veux pas qu'il reste au fond des eaux.
Tiens, le voilà : sa puissance infinie,
Surpassera celle de tes rivaux.
A son pouvoir ta force est attachée;
De ce rameau chaque feuille arrachée,
Peut enfanter un prodige nouveau.
Mais pour sauver celle qui t'aime,
Pour assurer ton bonheur même,
Ménage bien les feuilles du rameau!

TOBY, *reprenant l'air.*

Oh! merci! merci! mon sauveur!

PHOSPHORIEL.

Et, sans courir à l'aventure,
Je vous offre cette voiture.
(*Il leur montre la coquille dans laquelle il est venu.*)

TOBY.

Oh! bonheur!
(*Ils vont tous les trois se placer sur la coquille.*)

ENSEMBLE.

JEAN LEBLANC et TOBY.

Sans tarder davantage,
Partons, partons, partons,
Et nous retrouverons, (*bis.*)
Au terme du voyage,
Celles que nous aimons!

PHOSPHORIEL.

Sans tarder davantage,
Partez, gais compagnons,
Toujours, quand nous cherchons (*bis.*)
Le bonheur en voyage,
Les chemins sont moins longs!

(*La coquille s'enfonce peu à peu. — Le théâtre change et représente l'intérieur d'un harem; grands rideaux au fond.*)

SCÈNE X

FLORINE, puis RISETTE, en odalisques.

FLORINE, entrant par la gauche, et regardant autour d'elle avec étonnement.

Où suis-je donc?... et que signifie ce costume?... J'étais dans ce beau palais, auprès de Toby. Quand tout à coup il disparaît sous mes yeux!... je m'évanouis, et je me retrouve ici sous ces habits transparents.

RISETTE, entrant, toute effarée, par la gauche.

Eh ben, en voilà ben d'une autre!

FLORINE.

Risette!

RISETTE.

Mam'zelle Florine!

FLORINE.

Habillée comme moi!

RISETTE.

C'est-à-dire... déshabillée comme vous... Mais il paraît que c'est la dernière mode du pays...

FLORINE.

De quel pays?

RISETTE.

Nous sommes en n'Inde!...

FLORINE.

Dans l'Inde?...

RISETTE.

Et, qui pis est, dans un n'harem!

FLORINE.

Qu'est-ce que c'est que ça, un n'harem?

RISETTE.

Il paraît que c'est un endroit ben aventureux pour des jeunesses.

FLORINE.

Mais, comment as-tu appris cela?

RISETTE.

Par un homme noir, qui causait avec un homme jaune, couleur jus de réglisse...

AIR : *Mais ces titres nouveaux sur vos affiches font deux tâches.* (P'tits agneaux.)

Dans un n'harem il faut
Montrer beaucoup d'obéissance;
Il disait, l'moricaud,
Qu'l'innocence
Y semble un défaut.
On y voit un pacha,
Qui, très-épris des belles,
Épouse toutes celles
Dont il s'amouracha;
Très-libre dans ses mœurs,
Il a trente-six femmes,
Car pour trente-six flammes
Il a trente-six cœurs.
Et tel est son pouvoir
Que, lorsqu'il veut rendre jalouses,
Ses trente-six épouses,
Il n'a qu'à jeter un mouchoir.
Celle qui le reçoit,
En est fort honorée,
Car c'est la préférée,
Ainsi le veut l'endroit.
On nomme celle-là
Sultane favorite,
Puis, on l'enferme ensuite
Avec le grand pacha.
Pourquoi s'enferment-ils?
Est-ce pour parler politique?
L'usage est tyrannique,
Quand les pachas n' sont pas gentils.
Enfin dans ce palais,
Quelles drôles d'idées!
Les femmes sont gardées
Par de pauvres muets.
On s'est arrangé pour
Que, lorsqu'ils s'attendrissent,
Ces malheureux ne puissent
Jamais parler d'amour.
Bref, et ça n'est pas beau,
Une prison toujours murée,
Une cage dorée,
D'un harem, voilà le tableau.

REPRISE ENSEMBLE.

FLORINE.

Mais, alors, nous sommes donc prisonnières dans cett[e] maison?

RISETTE.

En plein!... Tout à l'heure, j'ai fait mine de sortir, et le[s] muets m'ont barré le passage, en me faisant des yeux de *co[r]codille* en colère...

FLORINE.

Prisonnière!... séparée de Toby!...

RISETTE.

Ce pauv' Jean Leblanc?... quoi qu'il doit dire?

FLORINE.

Mais ce pacha, ce nouveau maître, où est-il?... qui est-il?

(On entend comme une marche. — Musique du *Dieu et la Bayadère.*)

RISETTE.

Écoutez... on vient...

FLORINE.

Oh! j'ai peur!...

RISETTE.

Bah! faut voir ce que c'est...

FLORINE.

Si c'était l'homme aux trente six femmes?...

RISETTE.

Oh! qu'il ne s'y frotte pas, ou je lui égratigne le nez tren[te] six fois...

FLORINE.

Tu as raison. A nous deux nous serons fortes.

RISETTE.

Qu'il vienne, et vous voirez!

VERTUCHOUX, du dehors.

Suivez-moi, mes esclaves.

FLORINE.

C'est lui!...

RISETTE.

Sauvons-nous!... (Elles sortent par la droite.)

SCÈNE XI

VERTUCHOUX, en pacha indien, appuyé sur deux MUETS et suiv[i de] deux autres MUETS et quatre GARDES; puis les ODALISQUES, RISETTE et FLORINE.

VERTUCHOUX.

AIR *de M. Poize.* (Théâtre-Lyrique.)

Je suis pacha sous cet attirail
Et c'est de mon sérail
Que je prends la route.
Dans l'O, dans l'O, dans l'Orient, moi,
Je veux faire la loi,
Commander en roi!
Mon é, mon é, mon étonnement
Se comprend
Sans doute :
Mon do, mon do, mon domaine est grand,
Car c'est l'Orient.
J'ai chô, j'ai chô, j'ai chômé longtemps;
Mais ici je prétends
Être aimé des belles!
J'ai froi, j'ai froi, j'ai froissé déjà
Les dolmans d'Azéma
Et de Zuléma!
Mon pied, mon pied, mon pied de mouton
Me rendra près d'elle
Un oi, un oi, un oiseau mignon
Un pa, papillon?

(Il éternue; tous s'inclinent.) Comme c'est dressé!... Redres[sez-] vous. Ah ça! mais je me chante une foule de choses flatteu[ses] moi-même, et je n'étais pas venu ici pour ça... (Aux mu[ets.]) Où sont mes odalisques? (Les muets ouvrent de grandes bouches [d'où] quelles il ne sort aucun son.) Hein? Ah! bon, vous êtes muets[, il] fallait le dire tout de suite... Alors, mimez-moi votre répo[nse.] (Les muets remontent, écartent les rideaux du fond, après avoir fait sor[tir les] gardes, et l'on aperçoit les Odalisques groupées dans le jardin du h[arem] devant un grand bassin de marbre bordé de fleurs.) Jarnibleu! ce [ta]bleau est chatoyant... Mais je n'aperçois pas mes deux sul[tanes] nouvelles, la Florine et la Risette... Qu'on aille me les qu[érir.] (Deux Muets sortent par la gauche.) Et en attendant leur ve[nue,] que mes autres épouses me divertissent par quelque cho[se de] drôlet.

Air d'Aladin.

Venez, gentilles bayadères,
Venez charmez votre sultan!
J'adore les femmes légères... (*bis.*)
De l'Inde dansez le cancan! (*bis.*)

(*Les odalisques, pendant ce chant, sont venues se grouper autour de Vertuchoux. — La musique continue. — Elles dansent en l'enlaçant; il se mêle à leur danse, puis s'écrie:*) Sapristi!... ça m'échauffe!... garçon une chope!... (*On le conduit vers des coussins placés à gauche. — Une Odalisque lui apporte une chope colossale; une autre lui donne une énorme pipe. — Il boit, s'assied et fume. — Les danses continuent. — Après le groupe final on entend les cris de Risette.*)

RISETTE, du dehors.

Non, non, non, nous n'avancerons pas.

FLORINE, du dehors.

Grâce! pitié!... (Elle entre avec Risette et les deux muets par la gauche.)

RISETTE, amenée par un muet.

Ah! tu veux m'entraîner de force!... Ah! bien! tiens!... (Elle arrache la barbe du muet. A part.) Je viens de lui arracher la barbe... c'est peut-être défendu. (Elle jette la barbe au loin.)

VERTUCHOUX, qui s'est levé.

Tout doux! tout doux! mes poulettes!

FLORINE.

Que vois-je!

RISETTE.

Ah bah! le marquis!... c'est-y ben possible que ça soye vous qu'êtes le pacha?

VERTUCHOUX.

Oui, grosse biche, c'est moi qui suis votre souverain maître, votre grande lumière, votre sultan, le mari de trois cent soixante-cinq femmes; j'en ai pris trois cent soixante-cinq pour pouvoir en changer tous les jours; j'en prendrai même une de plus pour les années bissextiles...

RISETTE.

Eh ben! ça vous en fera trois cent soixante-six... de trop!

VERTUCHOUX.

Grosse futée!

FLORINE.

Et vous comptez me mettre dans ce régiment-là?

VERTUCHOUX.

Vous en serez la colonelle et Risette la caporale. (Il passe près de Risette.)

RISETTE.

Eh ben! arrivez-y à la caporale, et vous voirez si elle a des griffes au bout des doigts.

VERTUCHOUX.

Allons, Risette, faites-en une à votre sultan... méchante!
(Il veut lui prendre le menton.)

RISETTE.

Ah! sapristi!... ne me touchez point, ou je vous targniole!
(Elle le menace d'un revers de main.)

VERTUCHOUX.

Oser lever la main sur un sultan!... C'est par trop insultant!

ENSEMBLE.

AIR: *de l'Image.*

VERTUCHOUX *et* LES ODALISQUES.

Enfor! elle me } brave!
Quoi! Risette le }
Qu'on la mène en prison.
Il faut que cette esclave,
Soit mise à la raison!
Non, non, non, non, non!
Cela n'a pas de nom!

RISETTE, *se débattant au milieu des quatre muets.*

Oui, pacha, je te brave,
Qu'on me laisse, ou sinon
Je crois que de l'esclave,
Vous n'aurez pas raison.
Non, non, non, non; non!
Pristi, lâchez-moi donc!

FLORINE.

C'est en vain qu'on le brave!
On la mène en prison.
Risette est son esclave,
En aura-t-il raison?...
Non, non, non, non, non!
Cela n'a pas de nom!

(*Les muets entraînent Risette, qui leur distribue force coups de pieds, par la gauche. — Les Odalisques sortent par le fond, dont les rideaux se referment.*)

SCÈNE XII

VERTUCHOUX, FLORINE.

FLORINE, à part.

Ciel! seule avec lui!

VERTUCHOUX.

Voilà comme on dompte les rebelles!... Maintenant, à nous deux!

FLORINE.

Grâce! monsieur le marquis.

VERTUCHOUX.

Ta, ta, ta, ta!

FLORINE.

Ne m'approchez pas, ou j'appelle!...

VERTUCHOUX.

Elle appelle!... elle est ravissante!... Elle se croit encore dans son village. Mais, ma chère petite, nous sommes ici dans l'Inde, dans un pays chaud, et dans les pays chauds les femmes n'appellent jamais.

FLORINE.

Écoutez...

Air de Périnette.

De vous braver un instant,
Oui, Risette eut tort peut-être,
Ici, vous êtes le maître,
Et le maître tout-puissant.
Ici, rien ne vous arrête,
Et vous pouvez, monseigneur,
D'une humble et pauvre fillette,
Sans combattre, être vainqueur.
Mais quand l'ennui n'peut s'défendre,
La victoire a peu d'attraits;
Tous les baisers qu'vous pourrez m'prendre,
N'en val'nt pas un que j'vous donn'rais?

VERTUCHOUX.

Eh bien, donne-le-moi, je ne demande pas mieux... donne-m'en un, donne-m'en deux, donne-m'en tant que tu voudras!...

FLORINE.

Eh bien... oui, mais pas tout de suite... plus tard...

VERTUCHOUX, ravi.

Plus tard!... parfait... je te saisis... Ce soir, n'est-ce pas?

FLORINE.

Je n'ai pas dit ça!...

VERTUCHOUX.

Assez... je ne veux pas effaroucher ta pudeur... O ma jolie petite! je veux inventer pour te plaire les divertissements les plus curieux... Veux-tu que mes bayadères te dansent des pas de poignards?... Veux-tu voir les charmeurs de serpents?... Veux-tu des ombres chinoises, des bouffons d'Italie?... Parle... Par Vischnou et par Brahma! tes désirs seront des ordres souverains... (A ce moment on entend au dehors résonner les sons d'une mandoline et le bruit du tambour de basque.) Tiens, j'entends au dehors des *chantadors espagnolas*... Veux-tu qu'ils viennent?

FLORINE.

Que m'importe!...

VERTUCHOUX.

Ils t'ennuient?... je vais les faire chasser comme des drôles...
(A ce moment Toby, au dehors, chante avec accompagnement de mandoline, le refrain de ses couplets du premier acte (premier tableau.)

FLORINE, qui reconnaît le chant de Toby. A part.

La voix de Toby!... (Haut.) Non, non... faites-les venir... c'est très-joli ce qu'ils chantent là...

VERTUCHOUX.

Holà! quelqu'un! (Un muet paraît à droite.) Faites entrer ces chanteurs ambulants... (Le muet s'incline et sort. Conduisant Florine vers les coussins à gauche.) Venez chère amie... (A part.) J'aurais préféré rester en tête-à-tête... mais il faut avoir des procédés... même pour les femmes. (Il s'assied, ainsi que Florine.)

SCÈNE XIII

LES MÊMES, TOBY, JEAN LEBLANC. (Toby et Jean Leblanc, sous des costumes espagnols, arrivent par la droite et s'inclinent devant Vertuchoux et Florine. Toby porte une mandoline et Jean Leblanc un tambour de basque.)

VERTUCHOUX.

Chantadors espagnolas, nous vous écoutons... chantez.

TOBY.

Air de la Veuve aux Camélias.

Il est dans la vieille Castille
Une élégante et jeune fille,
Qu'un affreux Bartholo
Veut ravir à Pébloj;
Mais on le trompera,

Mais on lui chantera :
Tra la la la la, tra la la la la...
Le soir, en dépit des alcades,
Péblo donne des sérénades
Sous le balcon doré
De l'objet adoré.
L'écho redit toujours
Ce refrain des amours :
Tra la la la la, tra la la la la...
Les jeunes amoureux
L'emportent sur les vieux.
Belle fille de la Castille,
En dépit de ce vieux jaloux,
Cache-toi bien sous ta mantille
Et fuis avec ton jeune époux.

Pendant la ritournelle, Jean Leblanc danse, en s'accompagnant de son tambour de basque.)

VERTUCHOUX, à part, regardant Florine.

Florine me paraît fort émue... elle est rouge comme une cerise, et plus je regarde ce chanteur de séquedilles... Cette frimousse ne m'est point inconnue... et j'ai oublié mon pince-nez... Épions !... épions !...

JEAN LEBLANC, qui a regardé de tous côtés, à part.

Je ne vois point Risette !... Oùs qu'elle peut donc z'être?

TOBY.

DEUXIÈME COUPLET.

On dit que la vieille ganache
Dans Burgos aujourd'hui se cache,
Et que, pour être aimé,
Le traître a renfermé
Dans un affreux séjour
L'objet de son amour.
Tra la la la la, tra la la la la...
Mais toujours un amant pénètre
Par la porte ou par la fenêtre,
Dans les sombres prisons,
Comme dans les maisons...
Et Péblo saura bien
Lui reprendre son bien.
Tra la la la la, tra la la la la...
Les jeunes amoureux
L'emportent sur les vieux.
Belle fille de la Castille, etc.

(Même jeu que ci-dessus de la part de Jean Leblanc. — Toby envoie un baiser à Florine.)

VERTUCHOUX, qui s'est levé et a vu le baiser.

Un baiser soufflé !... Ah ! ah ! mes drôles, je vous reconnais. Vous n'êtes point des Espagnolas, mais bien des faquinos et des marouflas, que je vais traiter de la belle manière. (Florine se lève.)

JEAN LEBLANC, qui s'est approché avec noblesse du marquis.

Marquis ! marquis ! si j'avais une dague de Tolède, je vous frapperais la figure du poumon de mon épée... c'est moi qui vous le dis... c'est moi qui vous le dis !

VERTUCHOUX.

Oser venir me menacer chez moi !... Attends !... attends !... (Il cherche son pied de mouton dans sa poche.) Qu'ai-je fait de mon pied ?

TOBY, s'approchant de lui.

Oh ! un instant !... si vous avez votre talisman... nous serons à deux de jeu, maintenant, cher marquis ! (Il lui montre le rameau.)

VERTUCHOUX.

Le rameau d'or !

FLORINE, à part, avec joie.

Mon rameau ! il l'a retrouvé !...

TOBY, agitant le rameau.

Prenez garde, je puis vous envoyer dans la lune !...

VERTUCHOUX, le menaçant de son pied de mouton qu'il tient à la main.

Prends garde à ton tour, je puis te plonger dans les entrailles de la terre...

TOBY.

Je puis vous changer en grosse bête !...

VERTUCHOUX.

Je peux te transformer en poisson, en huître, en serin !

TOBY.

Je puis vous aplatir comme une limande sous les voûtes de votre palais.

VERTUCHOUX.

Frémis !

TOBY.

Tremblez !

VERTUCHOUX.

Je commande...

TOBY.

J'ordonne !...

VERTUCHOUX, effrayé.

Un instant ! (A part.) Son talisman est peut-être plus fort que le mien... (Haut.) Voyons, petit Toby, puisque tous deux nous possédons un pouvoir égal, il serait stupide de nous causer d'inutiles désagréments... est-ce vrai ?...

TOBY, avec force.

Renoncez à Florine, ou, quoi qu'il puisse arriver, je commence la guerre...

VERTUCHOUX.

Arrête, petit Toby, arrête ! (A part.) Rusons ! (Haut.) Au fait, j'ai trois cent soixante-cinq femmes, il m'en restera trois cent soixante-quatre... à la rigueur, c'est assez... et puis, il y en a d'autres chez les marchands... Allons, c'est bien... vous pouvez partir... (A part.) Quitte à vous rattraper !...

FLORINE.

O bonheur !

TOBY.

Viens, Florine, retournons au village... (Il l'entraîne vivement par la gauche.)

VERTUCHOUX.

Sa confiance me le livre !.. (Il va pour sortir à leur suite.)

SCÈNE XIV

VERTUCHOUX, JEAN LEBLANC, puis LES MUETS.

JEAN LEBLANC, l'arrêtant.

Un instant !...

VERTUCHOUX.

Hein ?...

JEAN LEBLANC.

Oùsqu'est Risette, à la fin des fins ?...

VERTUCHOUX.

Qu'est-ce que c'est ?...

JEAN LEBLANC.

Oùsqu'est Risette, à la fin des fins ?

VERTUCHOUX.

Ah ! tu es resté, toi !

JEAN LEBLANC.

Oui, vieux jongleur indien, je suis resté, moi, pour enlever Risette de votre magasin... me la faut... me la faut !...

VERTUCHOUX.

Ah ! te la faut ! A moi, mes muets !...

JEAN LEBLANC.

Monsieur se fâche ? (A part.) Heureusement que j'ai z'une feuille du rameau d'or. (Les quatre muets entrent par la gauche.)

VERTUCHOUX.

Muets, je vous ordonne de passer vos quatre cimeterres à travers le corps de ce drôle !... Qu'on m'obéisse !... (Il sort par la gauche.)

JEAN LEBLANC, aux muets, qui s'apprêtent à tirer leurs cimeterres.

Muets, je vous ordonne de vous passer vos quatre *cimetières* au travers de vos quatre corps !... Qu'on m'obéisse !... (Les muets se trouvent aussitôt percés de leurs sabres.)

LES MUETS, criant.

Ah !...

AIR : *On va lui percer le flanc.*

On nous a percé le flanc !
V'li ! v'lan !
Rantanplan !
Tirelire en plan !
On nous a percé le flanc !

JEAN LEBLANC, *étonné, à part.*

Leur voix n'est plus muette ?
La drôle de recette !
Allons chercher Risette !
(Il sort par la droite.)

LES MUETS.

On nous a percé le flanc !
V'li ! v'lan !
Rantanplan !
Tirelire en plan !
On nous a percé le flanc !
Implorons le prophète !

(Les Muets sortent par la droite en faisant des contorsions. — Le théâtre change et représente un village. La maison du Bail fait face au public.)

SCÈNE XV

CANICHON, MADAME CANICHON, JEAN-PIERRE, entrant par la droite.

JEAN-PIERRE.

C'est-y donc ben vrai, père et mère Canichon, que vou fille soye revenue des grands Indes ?

MADAME CANICHON.

Rien n'est plus vrai.

CANICHON.

Elle est revenue d'Inde.

JEAN-PIERRE.

Et c'est possible que vous consentissiez à l'unir à Toby.

CANICHON.

V'là comme je suis...

MADAM CANICHON.

Mais il n'y a point de temps à perdre.. Jean-Pierre, tu vas prendre tes jambes...

JEAN-PIERRE.

Oui, mère Canichon...

CANICHON.

Tu les prendras à ton cou...

JEAN-PIERRE.

J' vas prendre mes jambes à mon cou... bien!

MADAME CANICHON.

Et t'iras qu'ri les violonneux.

JEAN-PIERRE.

Fameux!

CANICHON.

Et tu passeras au *Soleil-d'Or*...

JEAN-PIERRE.

En plein soleil.

MADAME CANICHON.

Oùsque tu commanderas de not' part un repas de soixante ouverts... Qu'on plume les canards, dard, dard...

CANICHON.

Et surtout qu'il y ait du veau.

JEAN-PIERRE.

Beaucoup de veau.

CANICHON.

Et du gigot à l'ail.

JEAN-PIERRE.

Beaucoup d'ail!

MADAME CANICHON.

Enfin qu'on mette les gros plats dans les petits...

CANICHON.

Nous ne regarderons pas à la dépense, va vite...

JEAN-PIERRE.

Gare que je passe!... (Il sort en courant par la droite.)

MADAME CANICHON, à son mari.

Enfin, vous consentez?...

CANICHON.

Et je ne m'en dédirons point.

MADAME CANICHON.

Quand même que le seigneur reviendrait?

CANICHON.

D'autant plus qu'il reviendrait...

MADAME CANICHON.

Enfin! v'là donc que vous faites un peu mes volontés!

CANICHON.

Je t'aimons tant!

MADAME CANICHON.

Dites plutôt que vous êtes ben aise de vous venger du marquis.

CANICHON.

Je ne dis pas non!... il t'a leurrée, il m'a leurré; mais nous serons vengés tout à l'heure... (Ritournelle de l'air suivant.)

MADAME CANICHON.

J'entends les mariés...

SCÈNE XVI

CANICHON, MADAME CANICHON, TOBY, FLORINE, JEAN LEBLANC, RISETTE, en costumes de mariés; QUATRE PAYSANS. (Ils entrent de la gauche, bras dessus, bras dessous.)

ENSEMBLE.

AIR *des Noces de Jeannette.*

Gai, gai, marions-nous.
Après les jours d'orage,
Gai, gai, le mariage
Nous consolera tous.

CANICHON.

Allons, enfants, entrons chez monsieur le bailli et de là à la paroisse!

REPRISE ENSEMBLE.

Gai, gai, marions-nous, etc.
(Ils entrent tous dans la maison du Bailli.)

SCÈNE XVII

VERTUCHOUX. (Il arrive par le fond à droite; il a repris ses habits de marquis.)

Je n'en puis plus!... je suis exténué, je suis sur les dents! Exécuter le voyage de l'Inde en trois minutes... il y a de quoi être essoufflé. J'ai voulu me rendre ici... et je suis rendu! Le rameau d'or a ramené Toby, le pied de mouton me ramène... Et maintenant, le rameau est-il aussi fort que mon pied?... Le talisman de Toby n'est-il pas même plus fort que le mien? *Toby or not Toby?*... voilà la question! Si je lui joue des tours pendables, il peut m'en jouer de détestables... (Tirant son pied de mouton.) O mon pied de mouton! donne-moi le moyen de rapetisser le pouvoir de mon rival!... (Coup de tam-tam. Tout aussitôt le village devient un tout petit village en tout semblable au grand. Stupéfait.) Que vois-je?... Pour rapetisser le talisman de mon antagoniste, mon pied a jugé à propos de tout rapetisser du même coup! les maisons, les arbres, la plaine, les montagnes... Ce n'est plus un village, c'est une boîte de joujoux... Oh! sapristi! et mon château!... mais je ne vais plus pouvoir y entrer qu'à quatre pattes!... c'est égal, c'est gentil!...

AIR : *Maman les p'tits bateaux.*

Petit, tout est petit
Dans ce joli petit village!
Je gage,
Et tout le dit,
Que c'est mon vœu qui s'accomplit.
De petites maisons,
De petites-prairies,
De petites moissons
Et de petits buissons;
Les discours d'avocats,
Les grandes tragédies,
Les grands airs d'opéras
Et jusqu'aux grands-papas.
Tout doit être petit
Dans ce joli petit village;
Je gage,
Et tout me dit
Que c'est mon vœu qui s'accomplit.
Près d'un petit berger,
La petite bergère,
Sur la petit' fougère,
Brave un petit danger;
Quand, pour s'humaniser,
Son petit cœur palpite,
Au petit, la petite,
Donne un petit baiser.
Petit, tout est petit, etc.
Petits pieds, petits poings,
Petit fils, petit père,
Petits jeux, petits soins,
Petit bois, petits coins,
Petit cœur, petit nid,
Petit vin, petit verre,
Petit drap, petit lit
Et petit appétit...
Petit, tout est petit
Dans ce joli petit village,
Je gage,
Et tout le dit,
Que c'est mon vœu qui s'accomplit.

Mais ce vœu n'aurait dû atteindre que mes ennemis et ne pas toucher aux propriétés... et surtout respecter mon manoir... Mon pied m'a mal compris.... (Musique. Noces de Jeannette.) On vient.... La porte de la maison du bailli s'entrebâille.... (Il se met à l'écart. Un petit Toby, une petite Florine, un petit Jean Leblanc, une petite Risette, un petit Canichon, une petite madame Canichon, suivis de leurs petits témoins, sortent de la maison de face. Toby baise la main de Florine, et le petit Jean Leblanc en fait autant à Risette et ajoute:)

LE PETIT JEAN LEBLANC.

Ah! seigneur-je!... seigneur-je!

SCÈNE XVIII

VERTUCHOUX, LA PETITE NOCE; puis UNE ARMÉE DE PETITS GUERRIERS; puis TROIS GÉANTS.

VERTUCHOUX, s'avançant.

Je ne me trompe pas! C'est Florine!.... Florine qui va se marier!... Je m'oppose au mariage! (Effroi général. A Florine qui lui vient au genou.) Eh quoi! mademoiselle, vous osez me préférer cet avorton? (Mouvement de colère du petit Toby.) Mais vous oubliez donc que je vous aime? Et lorsqu'un haut et puissant seigneur comme moi consent à descendre jusqu'à une petite villageoise comme vous, vous repousseriez son hommage? Tenez, me voici à vos jolis petits pieds. (Il s'agenouille devant la petite Florine. Toby, furieux, fait un signe au dehors en lançant en l'air une feuille du rameau d'or, et, tout aussitôt, l'on voit entrer une petite armée de guerriers qui défile et vient séparer Florine de Vertuchoux.)

VERTUCHOUX.

Ah! ah! c'est la guerre, peuple de mirmidons.. vous osez me menacer!... (Elevant son pied de mouton.) Deux hommes et un caporal de géants, s'il vous plaît! (On voit entrer deux Géants commandés par un Caporal. — Combat : les Petits guerriers mettent en fuite les

Géants. — Pendant ce combat, Toby, Florine, Risette, Jean Leblanc, M. et madame Canichon se sont sauvés et ont disparu.) Comment! ces grands nigauds se laissent battre! attendez, attendez... tas de fourmis que vous êtes... A moi, mon pied de mouton!... (Tous les petits Soldats se jettent sur lui. On a placé deux échelles, l'une par devant, l'autre sur son dos, et l'on grimpe à l'assaut de Vertuchoux.) Des échelles! Ah çà, ils me prennent pour un fort détaché... c'est trop fort! jarnibleu! C'est à mon talisman qu'ils en veulent... (Il étend son bras en l'air.) J'ordonne que mon pied de mouton devienne une mine qui fasse sauter tous ces insectes! (Le pied de mouton, qu'il tient en l'air dans sa main, devient tout à coup une fusée qui répand une pluie de feu tout autour de lui.) Oh malheur! quel imbécile de vœu je viens de former! mon talisman est rôti!

SCÈNE XIX

VERTUCHOUX, PHOSPHORIEL, les Petits Guerriers, puis TOBY, FLORINE, JEAN LEBLANC, RISETTE, CANICHON et MADAME CANICHON, sous leur forme primitive; ensuite TRILBY, AZOLIN, ÉTHER, Génies, Fées.

PHOSPHORIEL, paraissant.

Et ton pouvoir cesse!... Que tout rentre dans l'ordre naturel! (Il étend sa baguette, Toby, Florine, Jean Leblanc, Risette, Canichon et madame Canichon, entrent gaiement par la gauche.)

ENSEMBLE.

Gai, gai, marions-nous, etc.

TOBY.

Florine, te voilà ma femme... je n'ai plus besoin de talisman!

FLORINE.

Mon petit Toby!

RISETTE.

Jean Leblanc te v'là donc mon *hôme!*

JEAN LEBLANC.

Oui, mais méfie-toi. A présent je connais tous les trucs!

TOUS, à Vertuchoux.

Monsieur le marquis...

VERTUCHOUX, furieux.

Allez au diable, avec tous les talismans de la terre!

PHOSPHORIEL.

Il n'y a plus de talismans!

TOUS LES GÉNIES, paraissant.

Non! plus de talismans!

PHOSPHORIEL.

Nous les reportons à la Reine des Génies... Regarde!... (Il étend sa baguette. — Le fond du théâtre s'ouvre et, dans un palais magique, laisse voir la Reine des Génies, entourée de Fées. — Tous les Génies vont déposer à ses pieds les talismans de la féerie. — Tableau.)

CHŒUR.

Air *de J. Nargeot.*

Honneur! (*bis*) à notre auguste reine!
Nous unissons quatre tendres amants.
Puisque l'hymen aujourd'hui les enchaîne,
Ils n'auront plus besoin de talismans!

FIN.

www.ingramcontent.com/pod-product-compliance
Lightning Source LLC
LaVergne TN
LVHW020630110826
845149LV00004B/1131

* 9 7 8 2 0 1 9 5 6 7 7 2 9 *